FORCES SPÉCIALES
& UNITÉS D'ÉLITE

ISBN : 978-2-263-17990-7

Code éditeur : L17990

Dépôt légal : juin 2022

Retrouvez-nous sur www.lisez.fr

Solar, un département d'Édi8

FORCES SPÉCIALES & UNITÉS D'ÉLITE

14 OPÉRATEURS TÉMOIGNENT DE LEUR ENFANCE JUSQU'À L'EXCELLENCE

SOUS LA DIRECTION
DE TEDDY PALASSY

SOLAR
EDITIONS

NOTA BENE

Certains opérateurs préfèrent rester dans l'anonymat pour diverses raisons. C'est pour cela que vous ne verrez pas leurs visages et n'aurez que leurs pseudos. Ils ne sont pas à la recherche de notoriété et veulent tout simplement partager leurs expériences.

Tous n'ont pas repris une vie civile ordinaire et continuent de collaborer dans des milieux opérationnels ce qui leur doit de rester discrets.

AVANT-PROPOS

Pourquoi & Pour quoi

En tant que fondateur de l'association Forces spéciales Coaching, je me suis entouré des meilleurs préparateurs physiques issus des forces spéciales et unités d'élite. Cela nous permet d'aider au mieux les jeunes et les personnes actives dans leurs préparations. Rien n'est laissé au hasard : le physique, le mental et la nutrition.

Les protocoles de sélection pour réussir à entrer au sein de l'élite sont très différents d'une unité à l'autre, avec des parcours, des exercices physiques ou encore psychologiques, très durs et variés.

À travers ces différents témoignages, je souhaitais faire ressortir le côté humain de chaque opérateur. Comme vous, nous avons dû faire des choix à un moment donné afin de réaliser nos rêves. Aucun parcours n'est facile, mais une chose ressort toujours, c'est l'esprit combatif et la volonté de réussir qui fait la différence.

Comment un enfant qui se faisait humilier et frapper à l'école a-t-il pu devenir un membre d'une unité prestigieuse ? Comment peut-on réussir alors que personne ne croit en vous ? Comment aborder des sélections en sachant que seulement 10 % sortiront du stage ?

Il n'y a pas une seule réponse, mais plusieurs. Chaque parcours est unique et le vôtre sera différent du nôtre. Mais il y aura certainement des similitudes qui vous permettront de continuer car, si nous y sommes arrivés, eh bien pourquoi pas vous ?

Vous allez plonger au cœur de vies ordinaires qui sont devenues extraordinaires. Qu'il appartienne aux forces spéciales ou à une unité d'élite, de son enfance au déclic vers la réussite, chaque opérateur dévoile son parcours avec la plus grande humilité et authenticité.

Imprégnez-vous de l'histoire de ces enfants, de ces adolescents comme les autres qui ont rejoint l'élite de la France après un parcours semé de doutes, d'embûches, d'échecs, de réussites, et découvrez comment ils ont vécu leurs premiers instants, une fois les sélections terminées.

Retirez de ces expériences tout ce qui vous donnera la force et la motivation pour atteindre vos objectifs !

Teddy Palassy

LES FORCES SPÉCIALES ET UNITÉS D'ÉLITE

Les forces spéciales et unités d'élite françaises interviennent pour préserver votre sécurité en France et à l'étranger. La confusion entre toutes ces unités est légitime car elles opèrent selon des modes d'actions stratégiques émanant de l'État français.

Pour y voir un peu plus clair afin de ne pas vous perdre durant la lecture, voici l'essentiel de ce que vous devez connaître.

D'un côté, vous avez les forces spéciales qui sont l'élite de l'Armée française, de par leur sélection et leurs capacités de résilience et d'adaptabilité.

Ils sont sous les ordres du Commandement des opérations spéciales (COS). Ils n'opèrent qu'en dehors du territoire national et mènent des guerres partout dans le monde pour défendre les intérêts de la France, protéger, secourir et libérer tout citoyen français en danger.

Chaque armée possède ses forces spéciales :

- la Marine nationale, avec la force des fusiliers marins et commandos (FORFUSCO) :

- les commandos marine (Jaubert – de Penfentenyo – Trépel – de Montfort – Ponchardier – Kieffer),
- Les commandos marine nageurs de combat (Hubert) ;

• l'Armée de terre, avec le commandement des forces spéciales terre (COM FST) :
  - 1er régiment de parachutistes d'infanterie de marine (1er RPIMa),
  - 13e régiment de dragons parachutistes (13e RDP),
  - 4e régiment d'hélicoptères des forces spéciales (4e RHFS), une unité d'hélicoptères ;

• l'Armée de l'air avec la brigade des forces spéciales air (BFSA) :
  - commando parachutiste de l'air n° 10 (CPA 10),
  - commando parachutiste de l'air n° 30 (CPA 30),
  - escadron de transport 3/61 Poitou,
  - escadron d'hélicoptères 1/67 Pyrénées.

De l'autre côté, vous trouverez les unités d'intervention qui opèrent le plus souvent sur le territoire national ou à l'étranger pour de la sécurisation de sites et la protection de ressortissants français.

Ces unités n'ont pas vocation à faire la guerre à l'étranger, mais bien de protéger les citoyens sur le sol français ou les diplomates à l'étranger.

• Il y a, d'une part, la force d'intervention de la Police nationale (FIPN) avec :
  - les unités de recherche, d'assistance, d'intervention et dissuasion, appelées RAID,

  - les brigades de recherche et d'intervention, appelées BRI ;
- et d'autre part :
  - le Groupe d'intervention de la Gendarmerie nationale (GIGN), qu'on ne présente plus.

Le choix d'intervention de ces unités se fait en fonction des zones de compétences territoriales (zone Police et zone Gendarmerie).

Il y a encore une branche, beaucoup plus secrète qui mène des actions clandestines, c'est le service Action de la Direction générale de la sécurité extérieure (DGSE), mais cela reste secret…

Une chose à retenir encore, c'est que toutes les forces spéciales sont des unités d'élite, mais toutes les unités d'élite ne sont pas des forces spéciales.

PRÉFACE

Aux héros

Par David Fritz-Goeppinger, photographe et auteur, ex-otage du Bataclan en 2015.

« Qui pourrait venir à notre secours ? »

Je me suis posé cette question il y a six ans, le 13 novembre 2015. Qui braverait les balles, les flammes, la mort ? Pendant deux heures trente, cette interrogation, existentielle, a résonné dans mon esprit jusqu'à ce que des hommes à la volonté de fer fendent l'obscurité d'un couloir d'un mètre trente de large et de six mètres de long pour nous délivrer.

À la sortie d'une expérience aussi traumatisante que celle que nous avons vécue au Bataclan, de nombreuses questions apparaissent et s'ajoutent à la ruine que représente mon existence. Celle-là fut sans doute la plus acide d'entre elles, creusant mon âme et déformant ma vie, je me pensais oublié. Pourtant, au-dehors, ce n'était pas une seule personne qui s'activait, mais toute la force d'un pays pour ne rien céder à la terreur.

Six ans après les faits, je ne pourrai jamais vraiment répondre à l'intégralité de cette question mais ma rencontre avec mes sauveurs m'a permis d'essayer. D'emblée, ce qui me choque peut sembler dérisoire, ils ont des jambes, des bras et des visages, qui, jusqu'alors étaient cachés sous des cagoules. Au fil des discussions et cafés, j'arrive cependant à entrevoir un début de réponse : ils sont aussi héroïques qu'humains. Malgré cette apparente banalité, ces femmes et hommes sont l'expression même de la lutte de notre pays contre l'obscurantisme, la radicalité, la violence et le terrorisme. Ces fers de lance et héros à la forme humaine veillent dans l'ombre, prêts à surgir pour combattre quiconque met en péril notre société. Finalement, et aussi extraordinaire que cela puisse paraître, ces hommes s'entraînent à être là au bon moment, pour secourir ceux qui étaient là au mauvais. Ce paradoxe s'imbrique dans un second : les forces spéciales et unités d'élite existent car des victimes existent ; ma vie, elle, continue aujourd'hui grâce à l'existence de telles forces.

Alors, je n'aurai que peu de mots pour conclure, puisque de toute façon je suis sûr que, eux, les auront. Peu de mots puisque derrière chaque cagoule, chaque opération, chaque entraînement se cache une motivation unique : faire régner la paix, par le verbe ou par l'épée.

LES TÉMOIGNAGES

TÉMOIGNAGE 1

SCOUB, COMMANDO PARACHUTISTE DE L'AIR N° 10 (CPA 10)

« Ma main pisse le sang par terre,
je réalise que j'ai été touché… »

27 décembre 2010 – 10 h 30 Zulu (horaire universel utilisé lors d'opérations militaires)

J'ai demandé l'appui des hélicoptères d'attaque Tigre depuis environ vingt minutes mais rien ne vient, ils sont occupés à traiter des cibles pour le groupe du 1er RPIMa et j'entends le canon de 30 mm qui claque au loin. Comme une délivrance, nous entendons les pales de l'hélicoptère claquer au vent pour rejoindre notre position sur laquelle nous essuyons des tirs depuis environ trois heures. Trois putains de longues heures. Les éléments de mon groupe ripostent mais la position n'est pas confortable depuis le toit d'un *compound*, et les postes de tir, peu nombreux ! À chaque fois que nous devons ouvrir le feu, c'est au péril de nos vies. Je suis la discussion de Leny, mon FAC (responsable de l'appui aérien), sur la radio UHF. Son boulot est impeccable, il est calme et précis dans ses descriptions de la situation tactique complexe que nous rencontrons.

Les tirs reprennent sur notre position, nous ripostons à l'aide de grenades de 40 mm, j'ai hâte que l'intervention du Tigre règle leur compte aux talibans, croyez-moi ! Soudain j'entends que le Tigre a besoin d'une confirmation sur l'environnement des insurgés afin de ne pas se tromper de cible. La position de Leny ne lui permet pas d'apporter cette information essentielle afin d'effectuer la frappe des canons qui régleront vite la situation. Je lui dis instantanément : « Laisse, j'y vais ! Je lève le doute et je te ferai signe une fois la PID confirmée (identification de la cible). »

Je rejoins Ricci, Jarod et Victor sur leur position. Ricci se trouve à ma gauche, Jarod à ma droite, et Victor assure notre couverture sur le côté droit à l'aide de sa mitrailleuse Minimi. Pour observer la zone je dois soulever un morceau de tissu que nous avons placé au-dessus d'un des postes de tir que nous avons creusés dans les murs les plus hauts durant la nuit. En me plaçant sur la gauche, je commence à soulever doucement les morceaux de toile afin d'observer la zone décrite par l'équipage de l'hélicoptère de combat. Ma main droite se trouve au niveau de mon visage, j'effectue doucement une ouverture d'angle quand soudain… En une fraction de seconde, je reçois une bonne dose de terre en plein visage qui me fait immédiatement reculer d'environ un mètre et me mettre à genoux ! Je suis, l'espace d'un instant, sidéré par la situation, comme si je vivais tout cela au ralenti, un truc de dingue !

Tout de suite, je ressens une vive douleur à la main droite et sens mon bras complètement tétanisé. Je comprends d'emblée que j'ai été touché car ma main pisse le sang par terre et mes doigts n'ont pas l'apparence de d'habitude ! Ma main est complètement crispée, impossible de bouger malgré ma volonté. Ma main est toute recroquevillée sur elle-même, je distingue une déchirure d'environ 3 à 4 cm entre mon auriculaire et mon annulaire ainsi qu'un trou béant au centre de ma main. Je me dis : « C'est terminé, c'est retour à la maison garanti ! »

Jarod me rejoint et m'applique un pansement compressif qu'il serre fortement. Il prend le temps de me réconforter, nous sommes à l'abri derrière le mur d'enceinte, hors de portée des tirs adverses qui ont repris de plus belle. Il me propose de me délester de ma Frag (gilet pare-balles) pour descendre de la position, je lui réponds qu'il en est hors de question et que je vais bien ! Bosco, notre infirmier, me prend en charge, il est placé en contrebas. Il me demande si je veux de la morphine, ce à quoi je réponds par la négative, je me sens bien, les idées claires ! La douleur est vive mais gérable, je sens surtout que la pression du pansement est trop importante, on décide de le refaire sur-le-champ. Bosco défait délicatement le pansement compressif et j'aperçois à nouveau les dégâts sur ma main. Les chairs sont rouge vif, le sang ne coule pas abondamment. Ne voulant pas exposer ma blessure à un environnement pollué, il effectue rapidement un nouveau pansement moins compressé. Assis sur une caisse, je lui demande si je peux fumer une cigarette pour me remettre de mes émotions, je vois tout de suite à son visage qu'il n'y est pas favorable du tout (la nicotine agit comme un fluidifiant sanguin) ! Je lui dis tout de suite : « C'est bon, je m'en branle » et j'allume ma cigarette. En tirant dessus, je revois la scène qui vient de se dérouler, je pense à mille choses en même temps ! Mes qualifications, mes stages à venir, la suite de la mission, la famille, c'est un véritable bordel dans ma tête !

Je ne termine pas ma cigarette, Bosco avait raison, la tête me tourne et je lui demande de m'injecter de la morphine. Je pose ma tête contre le mur, je prends deux à trois grandes inspirations pour me détendre. D'un geste rapide et précis, il me pince la peau du ventre et m'injecte le précieux fluide qui évacue rapidement les douleurs. Putain, quel soulagement… Je ferme les yeux pour me détendre, mais je ne peux m'enlever les images de la tête, ne réalisant que très peu ce qu'il vient de m'arriver. Une seule idée m'obsède : comment assurer ma sécurité désormais ? Dans mon malheur, j'ai eu le bonheur d'être touché à la main droite et d'être gaucher ! Je glisse la main jusqu'à mon Glock 17 et en saisis la crosse comme pour me rassurer, il est bien là et je saurai m'en servir si d'aventure ils montent à l'assaut de notre position. Voilà ma plus grande crainte, un putain d'assaut jusqu'à nos murs, et ensuite des jets de grenades !

Tout l'après-midi, des impacts de mortier tirés depuis la base de Tagab tombèrent autour de notre position, quatre-vingts au total ! Souvent nous recevions les éclats de terre qui retombaient dans le *compound* tellement la distance nous séparant du point d'impact était courte ! Et là, crois-moi, tu espères que le mec aux commandes du mortier ne soit pas un lapin de six semaines !

Rien ne me prédisposait à rejoindre le CPA 10, tout cela s'est fait naturellement…

LA BIENVEILLANCE D'UNE MÈRE

Cadet d'une fratrie, j'ai deux ans d'écart avec ma sœur. Nous avons quasiment toujours vécu auprès de ma mère. Mes parents s'étaient séparés lorsque j'avais 4 ans, autant vous dire que je n'ai aucun souvenir de ce temps-là ; quelques reconstitutions grâce aux photos, tout au plus. Si je devais me décrire enfant, je reprendrais les mots de ma mère, qui un jour m'a dit : « Tu sautais tellement partout que je me disais souvent que je ne te verrais jamais adulte et qu'il allait t'arriver quelque chose ! »

Bon, il faut dire qu'à l'âge de 3 ans j'avais déjà fait un séjour aux urgences pour traumatisme crânien après avoir sauté d'un lit superposé, sans doute des prédispositions pour le para ! Notons tout de même que j'avais disposé au sol une couverture pour amortir ma chute, quelques notions de sécurité tout de même à l'époque. Mon père n'a jamais été proche de moi, d'ailleurs je n'ai aucun souvenir de moments partagés à ses côtés. Notre seule occupation durant les week-ends passés avec lui, c'étaient les cassettes vidéo que nous regardions frénétiquement, ma sœur et moi. Bilan du week-end : proche du néant, car mon père nous laissait seuls devant la télévision alors qu'il allait vaquer à ses occupations, voir ses conquêtes féminines.

Mon père était grand, avec une stature imposante, et assez charismatique, je dirais. Je pense que lui et moi n'avons jamais réussi à nous comprendre, beaucoup d'oppositions demeuraient entre nous, c'est certain. Jamais assez bien, jamais suffisant, les reproches à mon égard fusaient en permanence. Cela a développé chez moi, c'est indéniable, le goût de la perfection permanente. J'ai fui de son domicile après une énième altercation, j'avais 18 ans.

Ma mère, en revanche, ne comptait pas ses efforts pour nous entourer d'amour. Praticienne kinésithérapeute, elle avait à cœur de nous apporter tout ce qu'il y avait de mieux. Elle pouvait compter sur la présence de mes grands-parents maternels qui s'occupaient de nous les mercredis afin de lui permettre de se reposer un peu. Mon grand-père était de ces hommes charismatiques de grande taille, ancien pilote de bombardier qui avait fait partie du groupe de marche Tonkin lors de la guerre d'Indochine. J'ai souvenir de sa présence auprès de moi, à la fois très dure mais aussi très paternelle, et je me raccrochais à sa personne pour définir les contours de l'homme que je désirais devenir. Là où l'histoire est belle, c'est que, lors de son retour d'Indochine, il fut affecté à l'escadron de transport Poitou qui est encore actuellement l'escadron dédié aux opérations spéciales avec lequel j'ai travaillé au CPA 10. Souvent je me suis dit que la vie nous préparait de belles surprises, lui qui aurait tant aimé me voir devenir pilote...

À L'ÉCOLE, J'ASSURAIS L'ESSENTIEL

Mon tempérament quelque peu explosif a contraint ma mère à me placer en pension lors de ma rentrée en sixième, pensant que la discipline allait me canaliser. Dans mon souvenir, j'ai plutôt mal vécu cette période de ma vie car, hormis les moments de rigolade avec les copains, la solitude régnait entre ces murs. Il faut dire qu'à l'époque, le collège Saint-Nicolas d'Igny-Palaiseau, c'étaient des dortoirs de presque vingt à trente enfants avec un surveillant toute la nuit pour encadrer la meute ! Sur le plan des résultats, j'assurais le strict minimum, sans plus, et je comptais sur le sport pour remonter ma moyenne ! Ce dont ma mère se foutait complètement d'ailleurs, seules les matières nobles comptaient à ses yeux… Moi pas !

Côté discipline, c'était compliqué, j'aimais avant tout animer la classe et cela m'a valu pas mal d'heures de colle ! Ce qui dominait chez moi, c'était cette faculté à parfois être insolent avec le corps enseignant et à tester leur patience. Cela n'a pas trop changé, à vrai dire, sur ce point-là ! J'ai finalement redoublé ma cinquième, faute de résultats suffisants – on m'avait même parlé de quatrième « allégée », autant vous dire que ça calme ! J'ai ensuite rejoint le collège puis le lycée public. La suite fut assez traditionnelle jusqu'au bac où j'avais choisi malgré moi la filière commerciale, voie de garage de l'époque ! Donc en 1994, je validais un bac G3 acquis au rattrapage et je m'orientais ensuite sur un BTS de commerce international, sur les conseils brillants de mon père qui évoluait dans ce milieu-là. Bon, OK, je vous l'avoue, j'étais plus attiré par le côté international et exotique que commercial de la chose ! Donc je n'ai fait qu'une seule année et j'ai anticipé mon service militaire en m'engageant immédiatement en tant qu'EVSO (engagé volontaire, sous-officier) sur la base de Nîmes-Courbessac en janvier 1996.

LE SPORT A TOUJOURS FAIT PARTIE INTÉGRANTE DE MON ENVIRONNEMENT

Mes premières activités sportives furent le judo et le football. Tentant vainement de canaliser ma fougue naturelle, afin que je m'endorme plus tôt sans doute, ma mère m'avait inscrit dès l'école primaire au dojo de l'école. Je n'ai de cette période que des souvenirs épars de roulades et de discipline. Concernant le foot que j'ai pratiqué par la suite, j'en appréciais davantage l'équipement que l'entraînement, donc cela ne dura pas ! Le sport qui berça mon enfance ainsi que mon adolescence fut la natation, que j'ai pratiquée pendant près de huit ans à la piscine du Chesnay, en région parisienne.

Cette discipline m'a permis par la suite de très bien me classer dans les tests de sélection commando. À mon époque, l'un des tests pour intégrer le CPA 10 était un 50 m de nage, pieds et mains attachées, en tenue de combat. Autant vous dire que si vous n'avez jamais collé votre cul dans une piscine, c'est mort ! Toutes ces années à nager m'ont permis d'acquérir une aisance dans le milieu aquatique que je mettais à profit lors de nombreux tests de sélection commando. À l'âge de 14 ans, j'arrêtai la natation au grand désespoir de mon entraîneur. Je me tournai vers des activités plus ludiques telles que le skateboard, que j'ai pratiqué pendant longtemps. École de la douleur, vu le nombre de fois où j'ai pris des retours de planche dans les tibias, c'est formateur !

Pour la petite histoire, lorsque j'ai émis le souhait de m'engager, j'avais tenté les sélections pour la brigade des sapeurs-pompiers de Paris. À cette époque, les aptitudes physiques étaient dignes des pilotes, et ma vue n'était pas au top, je fus donc recalé médicalement. Poursuivant mes recherches pour servir, je m'étais adressé à un bureau d'information de l'Armée de terre. J'avais décrit le profil des fonctions que je souhaitais, et là, l'ancien assis en face de moi m'a dit : « Ah ! c'est le génie combat qu'il te faut, si tu aimes le sport ! » Autant vous dire que le génie combat, à l'époque, ne me parlait pas du tout. A posteriori, je me dis qu'il devait y avoir des carences de recrutement dans certains régiments et que mon recruteur avait flairé sa proie.

Une fois intégré au sein de l'armée en janvier 1996, je n'ai cessé de m'entraîner, surtout sur les pompes, les tractions et la course à pied. Il faut l'avouer, les tractions étaient mon talon d'Achille. J'ai commencé par un max à quatre tractions strictes lors de mon incorporation en 1996 dans la spécialité « commando de l'air » pour ensuite atteindre, lors des sélections du CPA 10, un volume d'environ vingt-cinq répétitions. J'effectuais quatre fois par semaine, durant mes gardes essentiellement, des entraînements spécifiques du couple pompes/tractions. À l'époque on s'entraînait « tel le chat maigre », pour reprendre l'expression en vogue au Centre national d'entraînement commando (CNEC). Mesurant 1,82 m pour 72 kg à l'époque, autant vous dire que j'étais taillé pour la course et le travail au poids de corps. Concernant la course à pied, je faisais des sorties variables entre 8 et 12 km à raison de quatre fois par semaine. Pas d'entraînement spécifique, je m'entraînais souvent au ressenti en alternant des séances de fond et des séances de fractionné en huit rounds d'une minute d'accélération/une minute de récupération active. Loin d'avoir développé un physique hors norme, ce type d'entraînement m'a permis d'être très polyvalent avec une bonne base de cardio.

On croise souvent des physiques très développés dans le milieu militaire, mais la charge, il faut savoir aussi la porter ! Laissez tomber la musculation et tournez-vous vers l'entraînement fonctionnel de type crossfit, interval training, c'est mon conseil, avec du recul, sans toutefois oublier la natation.

NE JAMAIS PÉCHER PAR EXCÈS DE CONFIANCE

Année 2000, après mon brevet d'instructeur commando, je tentais pour la première fois les sélections du CPA 10. Affûté comme jamais, j'avais à cœur de me préparer pour ce rendez-vous, tant physiquement que mentalement ! J'étais préparé comme jamais… Les sélections cette année-là se déroulèrent sur la base de Dijon.

Durant la semaine, j'ai enchaîné tests en anglais, de connaissance générale, rendez-vous avec un psychologue, natation, test agressivité (boxe). Mais ce que j'attendais, c'était la marche commando ! Très tôt le matin, on se retrouvait avec notre équipement et notre sac ops lesté à 30 kg. Après une fouille des sacs en règle pour chercher tout signe de triche potentielle (GPS, téléphone, etc.), il nous était remis un pauvre bout de carte photocopié. Sur ce bout de carte figuraient le point de départ ainsi que la position d'une BLM (boîte aux lettres mobile/cache) par laquelle nous devions obligatoirement passer. La première partie de marche topographique fut bouclée assez rapidement. Arrivé à l'emplacement de la BLM vers la fin de journée, je ne mettais pas trop de temps à la trouver grâce à la lumière du jour encore présente en début de soirée. À l'intérieur se trouvaient les coordonnées de l'arrivée, que je pointais rapidement sur ma carte. Ce point était situé à l'extrémité supérieure de mon morceau de papier. L'adjudant qui était sur place m'apprit que j'étais le premier à arriver à la balise. J'étais pourtant parti en deuxième position, j'étais donc confiant. L'arrivée était distante d'environ 12 km par la route, je décidai que je couperais à travers la forêt pour diviser la distance par deux ! Je me posais dans un tracteur abandonné non loin de la balise afin de récupérer un peu – il faut dire que j'avais quelque 30 km déjà dans les jambes à ce moment-là. Ma montre sonna vers 23 heures et je me remis en marche en direction de l'arrivée. Couper à travers la forêt avait pu sembler une riche idée, mais en fait pas du tout ! Je n'arrivais pas à tenir le cap et la piètre qualité de ma carte ajoutée à la nuit m'a fait dévier au nord de près de 2 km sans même m'en rendre compte ; et ce morceau-là, je ne l'avais pas !

À 12 heures, perdu, sans point de référence et après pas loin de 50 km dans les jambes, je sortais ma transmission pour demander ma récupération. La fatigue et l'énervement me firent monter les larmes aux yeux, je ne pouvais que constater mon échec et assumer mes erreurs… L'histoire m'a appris plus tard que le reste des participants s'étaient regroupés autour de la BLM car ils ne bénéficiaient pas de la clarté pour la trouver aussi facilement que moi. À partir de ce point-là, ils évoluèrent en groupe jusqu'à l'arrivée… Moi, je n'ai jamais croisé personne !

NE JAMAIS RIEN LÂCHER ET CROIRE EN SES OBJECTIFS

Ne lâchant pas l'affaire, en 2001 je représentais les sélections pour le CPA 10 ! Le programme était le même, mis à part le fait que les sélections se tenaient sur la base d'Orléans, quartier général du CPA 10. Aussi bien préparé que la première fois, et fort de ma sélection pour le stage « corps à corps » de l'École interarmées des sports de Fontainebleau, j'attendais impatiemment la marche commando. Le relief étant moins escarpé que sur la région de Dijon, ce fut plus facile. Arrivé de bon matin après environ 40 km de marche, je me faisais « coxer » (prendre en otage) et emmener vers une destination inconnue. Je me suis retrouvé allongé par terre et aspergé à grands seaux d'eau froide durant près d'une heure, grelottant comme un malade. Mais le moral était bon, je savais que c'était la fin, il fallait juste serrer les dents ! Extirpé de ma position allongée par deux gardes, j'étais conduit dans une pièce qui ressemblait à une douche, j'étais toujours cagoulé et attaché les mains dans le dos, en position assise sur les genoux. Franchement, j'aurai donné cher pour retourner à ma position allongée qui me permettait de somnoler quelque peu afin de récupérer des vingt-quatre heures de marche. Les genoux me faisaient un mal de chien, posés à même le carrelage, mais je ne devais pas bouger, et surtout je n'osais pas bouger. On est venu environ une heure après me chercher pour m'amener dans une pièce au chaud et m'asseoir sur une chaise. Assis en face de moi, un homme dont je n'entendais que la voix me parlait calmement. Place à l'interrogatoire désormais, pensais-je ! Renseigné par les fiches que j'avais remplies à mon arrivée aux sélections, l'homme me mettait la pression en me parlant de ma conjointe de l'époque, de ma famille, tentant vainement de m'extirper des informations sur la mission que je venais d'effectuer. Entre les gifles et les coups que j'ai reçus, je pensais à mon objectif : tenir !

Après environ trente minutes d'interrogatoire musclé, on m'enlevait ma cagoule et je découvrais une pièce où étaient assis plusieurs membres silencieux du CPA qui avaient assisté à toute la scène. Personne ne parla, on m'empoigna pour me sortir de la pièce. J'étais rejoint rapidement par le médecin de l'unité pour effectuer un bilan de mon interrogatoire, et surtout s'assurer que j'allais bien. C'était la fin des sélections physiques. Le lendemain, j'enchaînais avec le passage devant le psy et j'avoue que cela m'angoissait. Loin de me sentir déséquilibré, je me demandais ce que lui saurait voir de ma personnalité. L'entretien s'est franchement bien déroulé, jusqu'à la fin nous avons échangé librement sur beaucoup de sujets. C'est à ce moment-là qu'il me dit simplement : « Bon, j'en ai terminé, il y a d'autres sujets que tu veux aborder ? »

Et là, tout naturellement et sans penser à mal, je lui dis : « J'ai un goût particulier pour les sports extrêmes et c'est vrai que j'aimerais un jour effectuer un saut à l'élastique. » Le silence se fait dans la pièce et je le vois reprendre son stylo qu'il avait posé sur le bureau. D'un ton beaucoup moins amical que lors de notre discussion précédente, il me dit : « Ah oui, mais pourquoi ?

– Je ne sais pas si j'arriverais à prendre en considération la sécurité matérielle dans une action qui s'apparente à un suicide. »

Alors là, croyez-moi, j'aurais donné cher pour revenir cinq minutes en arrière et effacer cette phrase à la con qui était sortie tout naturellement. Là maintenant, lors d'un entretien avec un psy en vue d'intégrer les Opérations spéciales, tu décides de parler de saut, de suicide, mais pourquoi ? Je me serais collé des baffes ! Alors j'ai ramé, ramé, ramé pour bien redéfinir mes propos et ne pas laisser le moindre doute dans l'esprit de mon interlocuteur : grosso modo, la galère !

Dernière épreuve à franchir, le passage devant des représentants des cadres du CPA ; trois d'entre eux me faisaient face, un officier qui dirigeait les débats ainsi que deux sous-officiers. Les questions concernant le CPA 10 fusaient dans tous les sens. J'étais heureux d'avoir révisé l'histoire de cette prestigieuse unité, héritière des traditions du 602e groupement d'infanterie de l'air (GIA). Soudain la question fatidique « Quelle est ta motivation à rejoindre le CPA 10 ? » arriva ! J'aurais pu dérouler beaucoup d'arguments à cette question, mais ma personnalité a pris le dessus, j'ai donc répondu : « J'habite à 200 m de la plage de Roquebrune-Cap-Martin (région de Nice), et je me présente devant vous pour rejoindre la Beauce ! Je pense que sur la question de la motivation, on ne fait pas mieux ! » Les cadres ont esquissé un sourire, je savais que j'avais fait mouche sur ce coup-là.

UNE VIE DE GROUPE QUE RIEN NE REMPLACERA JAMAIS

Après mon intégration au sein de la cellule d'instruction spécialisée durant six mois, j'arrivais enfin au bout du tunnel en intégrant les groupes action du CPA 10. Cette phase est désormais remplacée par le stage Bélouga, de durée sensiblement identique. Après un bref passage au sein d'un premier groupe, je rejoignais enfin un groupe CTLO (contre-terrorisme et libération d'otages). J'avais 20 ans lorsque le GIGN, le 24 décembre 1994, se lançait à l'assaut de l'Airbus A300 stationné sur l'aéroport de Marignane. Depuis ce moment-là, l'action des hommes en noir, en groupe compact, est restée gravée dans ma mémoire. Il était donc naturel que je fasse mon possible pour intégrer un groupe tel que celui-là. Ce qui m'a le plus marqué lors de mon arrivée, c'est la place qu'occupaient les aînés du groupe, tant chez les militaires du rang que parmi les sous-officiers. De fortes personnalités en place depuis quelques années. Immédiatement, j'ai ressenti un savoir-faire que j'étais avide d'acquérir. Les moyens matériels déployés à l'époque me paraissaient énormes, tout comme la technologie des moyens employés. J'avais devant moi énormément de choses à découvrir, j'en étais ravi. Comme prévu lors de mon aspiration dans le groupe CTLO, je partis en 2003 en direction du 13e RDP afin d'effectuer mon stage transmetteur.

Je fus intégré au sein d'une brigade de jeunes engagés dragons parachutistes avec trois camarades commandos marine ainsi qu'un camarade sous-officier du CPA. Nous avons appris l'ensemble des procédures sans relâche durant trois mois, ce qui m'a aussi permis de me sensibiliser à la culture d'une autre unité du COS. Parmi mes camarades marins, se trouvait Jonathan Lefort, un de ces mecs qui ne vous laissent pas indifférent. Jonathan était de ces hommes qui ont toujours la bonne vanne au bon moment, tout en étant pragmatique et sérieux lorsque le besoin s'en faisait sentir. Dix jours avant mon accident, Jonathan tomba sous les balles des talibans sur l'opération HK35. Quel gâchis d'avoir perdu un type comme lui ! Toutes mes pensées à sa famille ainsi qu'à ses frères d'armes…

S'enchaînèrent ensuite bon nombre d'opérations, de stages, le lot quotidien de tout opérationnel du commando. Ce qui m'a le plus marqué, c'est en 2007 lorsque j'atteignais le rôle de chef de groupe action. Un sentiment étrange m'a tout de suite habité. Un peu à la manière du moment où l'on vous apprend que vous allez devenir père ! La responsabilité de mes hommes, de mes camarades avait énormément de sens à mes yeux. Souvent, je me faisais la réflexion suivante : « Entraîne-les autant que tu pourras, donne-leur le sens de cette famille que nous formons et ils se donneront pour notre salut à tous au-delà de tes espérances. » J'ai toujours le souvenir de ce camarade, Sébastien Planelles (Parker), mort le 25 août 2006 en Afghanistan lorsque son véhicule fut frappé de côté par un EEI (engin explosif improvisé), lui aussi était un membre du CPA 10, arrivé un peu avant moi. L'image de sa famille endeuillée auprès de son cercueil dans la cour des Invalides restera à jamais gravée dans ma mémoire. Je me fis la promesse ce jour-là de ne jamais avoir à assumer en tant que chef de groupe la perte de l'un de mes hommes. Et, comme je leur disais souvent, « la solidité d'une chaîne se mesure à son maillon le plus faible, ne sois jamais ce maillon ». C'est ainsi, sans relâche, que nous avons construit pas à pas un nouveau groupe.

Chaque opérateur était imprégné de cette responsabilité et jamais je n'ai cherché à vérifier quoi que ce soit de leurs activités, la confiance entre nous était devenue la norme qui nous liait. Notre équipe, soudée comme jamais, m'a fait prendre conscience de la richesse des hommes qui composent le Commandement des opérations spéciales et encore plus du commando parachutiste de l'air n° 10. Quelque chose d'invisible nous unit tous à jamais, c'est certain depuis ce moment-là et encore plus depuis cet événement. Tel un symbole, le plus jeune du groupe à l'époque des faits m'adresse un SMS pour me souhaiter un joyeux anniversaire chaque 27 décembre ; dans ce livre, je tenais sincèrement à le remercier, tellement ses messages m'ont fait du bien. Comme je le dis souvent à présent, si l'histoire devait se refaire, je réécrirais la même sans changer un seul instant de tout ce parcours qui m'a tellement apporté. Si je devais transmettre un seul conseil à la jeunesse qui lira ces lignes, ne doutez jamais de vous, croyez en vos rêves et vivez de passions ! J'ai encore actuellement la douce sensation de ne jamais avoir travaillé de ma vie, c'est le parcours que je vous souhaite à tous...

Focus
LA BLESSURE DE L'OPÉRATEUR
Par Ismaël, préparateur mental

Que ce soit en mission ou lors des entraînements, les opérateurs sont soumis à des efforts réguliers sur le plan physique et psychologique. Par conséquent, ils sont plus exposés au risque de blessures comparativement à des personnes plus sédentaires.

Cela peut être lié aux différentes contraintes physiques auxquelles ils doivent faire face :

- les efforts intenses ;
- les facteurs environnementaux ;
- les charges additionnelles.

Également, la dimension psychologique peut avoir sa part de responsabilité :

- un événement traumatisant ;
- une personnalité plus vulnérable au stress ;
- un niveau limité de ressources personnelles et sociales.

Les conséquences de certaines blessures peuvent nécessiter une inaptitude, temporaire ou définitive, de travail, selon la gravité. Lorsque l'on fait partie d'un groupe, accompagnée d'un réel sentiment d'appartenance et une reconnaissance parmi ses pairs – comme le maillon d'une chaîne... – la blessure peut alors être vécue comme une double peine ! À la suite d'une blessure, il peut y avoir un sentiment d'isolement et de rejet vis-à-vis du groupe. Alors comment y faire face ?

Le temps de repos imposé par la blessure peut également permettre de rebondir et de se renforcer mentalement. Il s'agit de prendre le temps de comprendre le fonctionnement de son corps et d'apprendre de sa blessure. L'occasion de mieux comprendre le lien entre le corps et l'esprit. Avoir été blessé permet aussi d'apprendre à gérer ses douleurs. Elle fait partie de la pratique « opérationnelle », et permet de faire la différence entre des douleurs musculaires liées à l'effort « normal » et celles qui peuvent engendrer de vraies blessures.

C'est aussi un temps utile pour se remettre en question et s'impliquer plus sérieusement dans l'entraînement, et savoir faire face à des émotions de toutes sortes. La restauration de la blessure, à travers la rééducation fonctionnelle et le renforcement mental, vont permettre de mieux accepter les épreuves et de renforcer la confiance en soi. La blessure n'est pas forcément une tragédie mais parfois une opportunité de grandir…

TÉMOIGNAGE 2

RAPH, BRIGADE DE RECHERCHE ET D'INTERVENTION POLICE PARIS (BRI PP)

« Vous êtes trop grand, vous n'avez pas le profil »

La sirène « crash hélicoptère » retentit à bord. Je n'ai pas le temps de m'émouvoir, il faut se mettre immédiatement en mode « action ». Je récupère mon matériel de secourisme. Sur cette mission conjointe avec le groupe de contre-terrorisme et libération d'otages (CTLO) du commando Trépel, je suis un des deux pilotes d'embarcation de transport rapide pour commandos (ETRACO), mais également le secouriste de combat.

Très vite, les embarcations légères du transport de chalands de débarquement Foudre (TCD) sont mises à l'eau. Je jette un coup d'œil par la plateforme hélicoptères en descendant vers le radier (plateforme permettant la mise en œuvre des engins amphibies) et j'aperçois encore le feu rouge situé derrière la queue du Cougar, qui coule à une centaine de mètres à peine du navire mais scintille encore. Peu à peu, la lumière qui émane de la carlingue de l'appareil disparaît.

Très vite, j'arrive sur le radier… Rien n'est organisé encore à cet instant mais les deux pilotes ont été repêchés.

J'en extrais un du zodiac ; mon binôme, le second. Je lui hurle de commencer un massage cardiaque sur le moins blessé des deux, et prends en charge le second. Il est exceptionnel, on sera lié à vie après cet instant... Je lui rappelle simplement : « Trente compressions, deux insufflations », et il se lance sans réfléchir, il me fait confiance... On se fait confiance.

Le pilote dont j'ai la charge est gravement blessé, je l'observe rapidement et me rends compte que je dois lui passer plusieurs garrots. Sa jambe droite est littéralement arrachée au-dessus de la cheville et ne tient que par un lambeau restant de peau ; il présente une plaie énorme au niveau du dos ainsi qu'une fracture ouverte importante avec sortie de l'os à l'avant-bras droit, que je dois réduire rapidement avant de passer mes garrots car l'hémorragie est importante. J'ai déjà commencé la réanimation quand je suis rejoint par l'infirmier anesthésiste du bord.

Après un point rapide sur l'état des deux pilotes, il décide de me prêter main-forte. Une pluie battante tombe alors sur nous dans le radier, ce qui nous rend impossible l'utilisation du défibrillateur. Je demande à des matelots brancardiers de nous protéger avec une toile étanche. À cet instant, je prends le leadership, je ne suis plus un « vieux » quartier-maître chef, je deviens le coordinateur de l'action.

Nous avons fait tout ce que nous avons pu, pendant près d'une heure, épuisés physiquement par l'intensité d'un massage cardiaque qui m'a paru durer des heures... Nous pataugeons dans un mélange d'eau de mer, de vomi, de fluorescéine verte échappée des combinaisons de survie des pilotes et de kérosène dont l'odeur nous brûle le nez. Nous avons fait tout ce que nous pouvions mais le pilote dont je m'occupais décède entre mes mains tandis que le second, transporté à terre vers l'hôpital, décédera le lendemain matin.

J'apprendrai par la suite que deux des commandos avaient été éjectés de la carlingue de l'appareil au moment de l'impact avec l'eau et que les cinq autres membres du commando avaient péri, probablement noyés dans le crash, portant à sept le nombre de morts.

Ce simple exercice de coordination de forces spéciales au large de l'Afrique devenait alors tout ce qu'il y avait de plus réel. Il me marquera à vie et m'apprendra que, quoi que je fasse, exercice ou non, il faut le faire le plus sérieusement et le plus concentré possible. Les copains commandos ont plongé dès la levée du jour sur l'épave de l'appareil située à 35 m de fond et ont remonté les corps un par un. J'ai passé, de mon côté, les vingt-quatre heures suivantes sans dormir, à aider le médecin du Foudre à désarmer, suturer et nettoyer les corps des cinq militaires de l'Armée de terre. Nous devions les ramener à terre pour les renvoyer à leurs familles. Nous avons reçu l'ordre de ramener à terre un ou deux corps parmi les plus abîmés avec l'ETRACO… Je me revois simplement piloter, avec, entre les jambes, le ou les corps, en tâchant d'enrouler les vagues au maximum afin de respecter le plus possible l'intégrité de mes frères d'armes.

La mer est démontée, il pleut, la distance à parcourir me paraît interminable… Bizarrement, les souvenirs de ce raid retour au Gabon sont vagues, avec très peu de détails. Je mesure maintenant que tout cela peut arriver, que tout n'est pas « fun », et ce jour-là, j'ai alors pris conscience de ce dont j'étais capable. Je m'étais littéralement transcendé. Ma décision était prise, après six ans au soutien des commandos marine, je voulais être au cœur de l'action et ne plus être le simple « chauffeur d'un bus ». Je remettais toute ma carrière en question. J'étais alors mécanicien naval dans la Marine, malgré tout, parachutiste, secouriste de combat, pilote ETRACO, j'avais également réussi quelques sélections, mais un goût d'inachevé m'animait. Que je le veuille ou non, je n'étais pas commando, je ne le serai jamais... Il fallait tout recommencer pour trouver de la légitimité et savoir si, oui ou non, j'étais capable de faire mieux.

QUE FAIRE DE MON GRAND CORPS ?

Je suis née en 1983 en banlieue parisienne, seul garçon d'une fratrie de trois enfants. Mes parents, cheminots tous deux, aux revenus modestes, ont toujours fait en sorte que nous ne manquions jamais de rien. Nous n'étions pas riches, mais d'autant que je me souviens, je n'ai pas eu une enfance difficile, bien au contraire. Ma mère m'a dit un jour qu'il était impossible de me dire quoi faire car, dès le plus jeune âge, j'avais un caractère très affirmé et imposais déjà mes choix. Je me suis rendu compte finalement que tout cela était faux, ma mère avait toujours fini par m'aiguiller subtilement vers les choix qu'elle estimait les meilleurs pour moi.

J'ai pu être en rupture avec mon père par moments, car nous ne nous comprenions pas, mais un lien particulier existait et existe toujours avec ma mère, que je ne peux expliquer. Elle est la seule à me comprendre et accepte tous mes choix de façon inconditionnelle, même si ces derniers la font souffrir. Je pense que mon père est aujourd'hui fier de mon parcours bien que nous ne communiquions que peu, sûrement par pudeur masculine. Il avait fait son service militaire dans la Marine, fusilier marin, mais nous n'en parlions pas. Je ne l'ai appris qu'une fois jeune adulte. Ce qui est certain, c'est que je ne serais pas devenu l'homme que je suis à ce jour sans l'amour de mes parents. Dans les moments de doutes, et il y en a eu, ils ont toujours représenté une base arrière essentielle à mon équilibre.

J'ai passé ma petite enfance sans savoir quoi faire de mon grand corps. À la maternelle, j'étais plus grand que tout le monde, beaucoup plus grand. J'étais souvent seul, les autres enfants ne voulaient pas jouer avec moi et passaient le plus clair de leur temps à m'humilier et me frapper. Je ne pouvais pas faire de vélo car mes jambes touchaient le guidon. En grande section, je me souviens être rentré à la maison, le visage tuméfié. Mon père m'a expliqué que je devais me défendre et ne plus me laisser faire. C'est probablement le moment le plus marquant de ma vie. J'ai compris alors que j'étais plus fort que les autres et j'allais le mettre à profit pour défendre ceux qui ne pouvaient pas le faire par eux-mêmes. Je me suis beaucoup battu par la suite, mais toujours pour défendre les plus faibles ou mes amis, je n'ai jamais été à l'origine des violences mais y ai souvent mis un terme.

Durant toute mon enfance et adolescence, le sport a été omniprésent, malgré un asthme prononcé et une fragilité évidente. J'étais plus ou moins le seul sportif de la famille, et c'est toujours le cas aujourd'hui. J'ai pratiqué un peu ce qui me tombait sous la main mais seuls les sports collectifs et l'appartenance à un groupe m'animait. Une carrière dans le foot en tant que gardien de but se dessinait, mais des soucis de croissance ont fini par m'écœurer de ce sport. J'ai ensuite pratiqué le handball et le rugby en même temps, mais le rugby à ce niveau ne me permettait plus de me partager entre ces deux sports. Le défi physique du rugby m'attirait davantage, je l'ai donc pratiqué à bon niveau pendant dix ans. J'ai même reçu des propositions pour jouer dans des clubs de niveaux supérieurs, mais je n'ai pas donné suite pour pouvoir continuer à jouer avec mes amis.

L'un d'eux a choisi un tout autre chemin que le mien mais il a toujours représenté un socle, fiable, stable, toujours là pour moi quand je rentrais après de nombreux mois d'absence. Il est toujours, à ce jour, un de mes meilleurs amis, probablement ce qui se rapproche le plus d'un frère. Je pense qu'il est essentiel, lorsque l'on veut se dépasser, d'être entouré d'une garde rapprochée d'amis qui savent trouver les mots pour vous pousser dans les moments de doutes, et ils sont nombreux lors d'une carrière dédiée à des unités spécialisées. J'ai peu d'amis en dehors des forces spéciales et services spécialisés de la Police, mais j'ai toujours eu les mêmes depuis plus de trente ans. Ils représentent la partie de la famille que j'ai choisie.

En ce qui concerne ma scolarité, j'ai été un très bon élève jusqu'en seconde ou je me suis totalement effondré. Je ne voulais plus être à l'école, je voulais du concret, de l'aventure, voir le monde. Les études, ce n'était définitivement pas pour moi. Tout cela m'emmerdait. Je suis rentré chez moi et j'ai dit à mes parents que je voulais m'engager dans l'armée. Ils étaient, dans mes souvenirs, médusés, et ma mère m'a demandé d'obtenir n'importe quel diplôme avant de faire ce choix. J'ai donc quitté les études classiques et j'ai intégré le Lycée maritime de Nantes, la mer étant pour moi le meilleur vecteur d'aventures et de voyages. J'ai passé deux ans dans cet établissement à l'issue desquels j'ai obtenu un CAP marin-pêcheur et un BEP mécanicien de machines marines. Puis, il nous a été offert la possibilité d'enchaîner par une troisième année d'étude qui nous donnait accès à un contrat au sein de la Marine nationale.

MAUVAISE PIOCHE, J'AURAIS DÛ RESTER SUR MON OBJECTIF

À l'issue de cette année supplémentaire, j'ai été reçu par le commandant de formation et je me vois encore lui dire : « Je veux être un commando marine », le tout en bavant sur une plaquette qu'il avait sur son bureau. On y voyait un nageur de combat palmer derrière un propulseur. Je me souviens de sa réponse et de son rire qui l'accompagnait : « Mais mon pauvre garçon, vous allez faire mécanicien naval, vous n'avez pas les diplômes pour faire commando ! Ce qu'on va faire, c'est que vous allez faire mécanicien puis vous changerez de spécialité plus tard si vous sortez bien classé de l'école. » C'était là un gros mensonge, mais, j'avais 18 ans et je l'ignorais. J'ai signé sans réfléchir davantage, suivi un an d'étude à Saint-Mandrier, et suis sorti 3e sur 110 de l'École des mécaniciens de la flotte.

Puis j'ai embarqué sur la frégate *Germinal*, où j'ai passé deux années magiques en termes de voyages, mais ce n'était pas ce que je voulais faire. Je me renseignais pour changer de spécialité et pouvoir retourner à l'école pour devenir fusilier marin, mais, on me baladait avec des barrières administratives. Puis nous avons embarqué à bord un groupe de commandos et leur ETRACO. Ils passaient leur temps en short et tennis à s'entraîner, faire du drill tactique, tirer, courir, tractionner et pomper sur la plage arrière. Tout le monde à bord de la frégate les admirait, sans vraiment savoir pourquoi. Moi, je faisais mes rondes autour des moteurs de propulsion et mes vidanges d'huiles, les mains dans la merde, en me disant que je n'étais pas à ma place. Je passais tout mon temps avec eux à leur poser des questions et je découvrais à ma grande surprise que l'un d'entre eux était mécanicien naval. C'était le pilote de l'ETRACO : tout devenait évident, c'est ça que j'allais faire. J'ai donc passé les cinq mois restants de cette mission à m'entraîner physiquement le plus possible.

Le capitaine d'arme du bord (seul fusilier affecté sur le bateau) me prit en amitié et me forma sur le maniement basique des armes et leur démontage. Au retour de la mission, les sélections de mécaniciens pour les commandos tombaient. Je m'y inscrivis immédiatement sans savoir où je mettais les pieds. J'ai eu les sélections du premier coup. S'en est suivi le stage de pilote ETRACO, puis le stage parachutiste et enfin, après un an, les départs en missions avec les commandos. J'ai fait ça six ans, enchaînant les missions en Afrique, en Amérique du Sud et dans les Caraïbes également.

Puis ce sentiment d'inachevé m'a rattrapé. J'étais toujours mécanicien et je ne serais jamais membre d'un CTLO, j'avais 27 ans. Je venais de former des pilotes du groupe plongée du RAID, ils semblaient plus vieux que moi. Après avoir longuement discuté avec eux, j'en suis venu à la conclusion que c'était maintenant ou jamais. Je devais à ce moment quitter Lorient pour descendre dans le Sud comme pilote des commandos Hubert, et cette perspective ne m'animait pas.

DE MÉCANICIEN À FLIC

J'ai donc quitté la Marine nationale après dix ans de service en promettant à un ami du CTLO que je réussirais à intégrer un groupe d'intervention et que je lui enverrais l'écusson de mon unité (ce que j'ai fait cinq ans plus tard). Il m'a mis en garde en me disant que je n'y parviendrais peut-être pas mais l'échec n'était pas envisageable pour moi à ce moment. J'ai donc intégré la Police nationale par la voie des emplois réservés.

Je n'étais plus mécanicien, j'étais un flic lambda. Je devais certes faire mes preuves mais plus rien ne me retenait. À cet âge, je pouvais encore tout accomplir et j'étais dans la meilleure forme physique de ma vie, après six ans avec les commandos. J'ai plutôt bien vécu l'année de scolarité Police, même si le contraste était évident. Je suis sorti deuxième de mon concours, et j'ai profité de cette année pour me préparer physiquement. Tous les soirs après les cours je m'entraînais en musculation, boxe, sol, course à pied durant deux heures. Même si j'avais déjà fait une séance programmée par la journée de cours, j'y retournais, l'objectif était clair.

J'avais vite compris l'importance des sports de combat pour les groupes d'intervention. Ce qui n'était pas le cas à l'armée, ou du moins beaucoup moins important, dans le processus de sélection.

À la sortie de l'école, j'ai été affecté au commissariat de Nanterre que j'ai pu choisir en sortant deuxième de mon concours. Sa BAC (brigade anti-criminalité) était connue et je me disais que c'était un choix stratégique. J'ai d'abord été affecté en brigade de roulement police-secours. S'en est suivie une longue période de descente aux enfers. Je prenais les plaintes, répondais au téléphone, réglais des différends familiaux, nettoyais la pisse des gardés à vue, faisais le planton devant la porte... De plus, j'apprenais qu'il était impossible d'intégrer la BAC ou un autre service avant quatre ou cinq années et le temps ne jouait pas pour moi. J'étais clairement en dépression, je prenais du poids doucement, et je me demandais ce que je faisais là. Mais après quelques mois seulement, à force de travail, et aussi, j'en ai conscience, grâce à mon vécu militaire et à mon gabarit, 2,03 m pour 103 kg, un groupe BAC me proposait une place.

C'était inédit, un stagiaire en BAC, cela ne se faisait pas, mais le patron avait fini par accepter, au vu de mon passé et de l'insistance du chef de ce groupe BAC. J'ai repris goût au travail. Je retrouvais une vraie vie de groupe, des amis, un travail passionnant où j'avais tout à apprendre. Malheureusement, je subissais alors deux opérations chirurgicales en deux ans. Une du muscle pyramidal enflammé après des années de course à pied à l'armée, puis, l'année d'après, d'une hernie discale lombaire. Je suis alors monté à plus de 120 kg...

La perspective des groupes d'intervention s'éloignait de plus en plus. J'étais devenu lourd, je ne m'entraînais plus, les douleurs étaient insupportables. Puis, peu à peu, sous l'influence positive du groupe, j'ai repris goût à l'entraînement, mais j'étais maintenant très loin du niveau que j'avais pu avoir. Cependant, cela revenait vite et j'avais l'impression que la machine se remettait en fonction, mais j'avais besoin d'un challenge. À cette époque, je servais plus ou moins de sparring-partner à mon binôme de la BAC qui était, lui, professionnel de MMA et aimait s'entraîner contre un poids lourd. Lui était rentré dans la Police pour intégrer le RAID, c'était là son seul et unique objectif. Nous boxions tous les jours avant la prise de service, durant deux ou trois heures parfois. Tout y passait : boxe anglaise, pieds-poings, sol. Un matin, il m'avoua qu'après trois ans en BAC il voulait postuler aux tests du RAID. Ça a été une claque pour moi, je me suis dit : « Bouge-toi et lance-toi aussi, tu étais là pour ça à la base. » Je me souvenais maintenant de ce que je devais faire. Cependant, j'avais pris goût à l'aspect police de ce travail et je voulais continuer à faire de la police et arrêter des « voyous ». J'ai donc finalement jeté mon dévolu sur la BRI Paris. En effet, c'était la seule unité en France qui est un groupe d'intervention de niveau 3, au même titre que le RAID ou le GIGN, mais elle mène également à bien des interpellations en flagrant délit dans le milieu du grand banditisme.

Nous nous donnions alors un an pour nous préparer physiquement et professionnellement en vue de réussir nos tests respectifs.

Je découvrais à cet instant le sport qui, selon moi, représente aujourd'hui la préparation la plus complète possible pour réussir des tests, le crossfit. Cette discipline était encore inconnue à cette époque, nous sommes en 2013. Je le pratique chaque jour pendant environ deux heures, mais, je me concentre sur le poids de corps et le cardio à haute intensité pour m'alléger le plus possible. Mes entraînements physiques se basent essentiellement sur les tractions, les pompes et les squats. Je cours également trois fois par semaine. Deux séances durant lesquelles je cours une dizaine de kilomètres, le plus vite possible, ainsi qu'une séance de fractionné. J'ai également pris une licence dans le club de boxe de mon collègue de la BAC ou je me rends deux soirs par semaine pour gagner en technicité. Régulièrement, je suis rattrapé par des douleurs physiques qui ralentissent ou stoppent net ma progression mais le mental finit toujours par reprendre le dessus. Je ne peux pas abandonner, après tout, j'avais quitté l'armée pour ça. Je me suis également inscrit dans un club de tir. Tout cela représentait un coût financier important mais l'objectif était là, tout proche, dans ma ligne de mire. Je m'y rendais une à deux fois par semaine où j'achetais trois boîtes de 9 mm. J'y travaillais une partie en précision, une partie en manipulation de l'arme et en vitesse de rechargement et une partie en parcours de discernement. En BAC, nous ne pouvions tirer à cette époque que six fois trente cartouches de 9 mm annuellement, même si nous trouvions toujours le moyen de gratter quelques séances.

Durant toute cette année, j'ai lutté pour m'alléger. J'ai ainsi perdu 23 kg pour arriver à une « forme de test » et un poids de 97 kg. Je mets « forme de test » entre guillemets, car j'étais tout sauf en forme. J'étais fatigué, maigre, je manquais de force, j'étais facilement irritable mais le soutien sans faille et inconditionnel de ma femme à cette époque m'aidait à tenir. Elle faisait tout ce qu'elle pouvait en axant les courses pour moi et en évitant de manger des sucreries en ma présence et Dieu sait l'effort que cela représentait pour elle. J'avais à cet instant un régime à base de légumes vapeur, de viandes blanches, de poissons et de compléments de protéines en poudre. Évidemment, j'évitais le plus possible l'alcool et les sodas. Je ne bois d'ailleurs plus ni l'un ni l'autre aujourd'hui. Si c'était à refaire, je déconseillerais ce type de régime, trop violent pour le corps et impossible à tenir dans le temps. Mais, je n'avais pas à cet instant les connaissances que j'ai acquises aujourd'hui sur les macronutriments qui me permettent de gérer mon poids au mieux toute l'année.

Le plus dur n'est pas d'intégrer un groupe, selon moi, mais d'y durer.

LE MYTHIQUE 36 QUAI DES ORFÈVRES

Puis, le télégramme des tests a fini par tomber. Je me sentais prêt, c'était maintenant ou jamais. Je me suis inscrit. À ma grande surprise, je me retrouvais convoqué à un entretien. Je n'étais pas du genre à laisser la place au hasard, mais j'étais pris au dépourvu, je n'avais pas prévu cela. J'ai été reçu au mythique 36 Quai des orfèvres, l'adresse des services centraux de la Police judiciaire parisienne. J'ai cheminé dans le célèbre escalier emprunté avant moi par les plus grands enquêteurs et par des tueurs en série qui ont fait la Une des quotidiens durant des mois. J'étais intimidé et j'ai fini par me demander ce que je faisais là et si j'étais bien à la hauteur de mes ambitions. Je me sentais tout petit de me retrouver pour la première fois dans les couloirs des commissaires au milieu de dizaines de candidats. Je ne voyais pas ce que je pouvais avoir à vendre de plus que les autres. Je m'étais même trouvé insipide, pour être honnête. J'ai ensuite dû attendre une semaine avant de recevoir la nouvelle par télégramme. J'étais retenu pour la semaine de sélections parmi plus d'une centaine de candidats. Nous n'étions que vingt-deux choisis. Les tests se sont déroulés quelques semaines plus tard.

Nous sommes début novembre, il fait froid et humide, nous sommes briefés au garde-à-vous dans la cour du « 36 » par les patrons et les chefs de groupe, la pression monte. Ils nous expliquent ce qu'ils attendent de nous, et c'est parti ! Je ne vous communiquerai pas le contenu des tests, d'une part pour en garder une confidentialité évidente, mais aussi parce qu'ils évoluent, s'adaptent constamment et que cela ne servirait pas l'unité dans la sélection de ses futurs membres. Cependant, sans entrer dans les détails, ceux-ci comprennent évidemment beaucoup d'épreuves physiques, de parcours, de tirs, de sports de combat mais aussi d'épreuves professionnelles, comme les filatures piéton et en véhicule. Je suis sorti mâché de cette semaine intense de sélections.

Nous avions enchaîné, sans dormir ou presque, l'intégralité de la semaine et je m'étais cassé le nez et le plancher orbital dès le deuxième jour des tests. L'agrès en bois d'un parcours commando, pourri par le temps, avait cassé sous mon poids et j'avais fini deux mètres plus bas, la tête la première sur une pierre. Je me souviens avoir pris un gros KO, mais m'être relevé et avoir terminé l'épreuve, qui se concluait par un tir, avec un écoulement de sang abondant qui s'échappait de mon nez. J'ai ensuite été immédiatement emmené devant un médecin de l'unité qui a voulu me sortir des tests parce qu'il suspectait un traumatisme crânien. Je l'ai supplié de me laisser continuer les tests, je pleurais de colère, je ne pouvais pas abandonner là-dessus. Il m'a discrètement fait promettre de l'avertir du moindre souci, il avait compris l'importance que revêtaient pour moi ces sélections. J'ai eu des vertiges et des vomissements la nuit qui a suivi, mais je n'en ai parlé à personne, serré les dents et enchaîné les épreuves. C'était sans doute inconscient mais le jeu en valait la chandelle, à ce moment en tout cas.

La force du groupe m'a porté. Je n'avais jamais connu ça. Pour ceux qui sont arrivés au bout de la semaine, c'est comme si on se connaissait depuis des années, c'était extraordinaire. Pour la petite anecdote, le médecin en question est devenu un ami proche aujourd'hui et nous sommes revenus sur cet épisode, où il m'a avoué avoir été convaincu par ma force de caractère de me laisser continuer malgré ce que cela comportait de risque pour lui. La fin de cette semaine d'épreuves ne représentait pour autant pas la fin de la sélection. En effet, la BRI Paris a pour particularité que chaque candidat prétendant à un poste doive effectuer un stage d'un mois en immersion dans la brigade.

Il n'est pas question évidemment de participer de près ou de loin à une remise de rançon sur un enlèvement ou encore à une prise d'otage, mais de vivre avec les groupes des missions de police judiciaire et d'assistance aux autres services de la Police judiciaire parisienne. Un second écrémage est réalisé à l'issue. J'ai appris la semaine d'après par un simple coup de téléphone que j'étais habilité, que je faisais partie du vivier mais que, comme tout le monde, je devais attendre mon tour. Puis la brigade a mené l'assaut du Bataclan, le 13 novembre 2015. Et il a fallu ensuite la redimensionner en fonction de la menace. Des postes étaient ouverts, j'intégrais le service la semaine suivante.

DE L'INTERPELLATION DE TERRORISTES AUX PRISES D'OTAGE

Les quatre premiers mois étaient dédiés à la formation de l'opérateur, entièrement axée sur le côté intervention. Tirs à tous types d'armes, habilitations. Il fallait tout ingurgiter. La somme de travail était monstrueuse. Il n'était alors plus question de faire du sport mais de travailler dur pour gagner sa place. Les membres des groupes opérationnels nous scrutaient quand ils le pouvaient mais ne nous considéraient pas encore comme entièrement intégrés au dispositif. À l'issue de la formation, nous avons été répartis dans les différents groupes. J'ai eu la chance de tomber dans le meilleur groupe possible ; mais, pour être honnête, je pense que n'importe quel opérateur vous dirait la même chose, tant le sentiment d'appartenance est fort et sans concession. J'ai terminé ma période de six mois probatoires au sein de mon groupe où j'ai rapidement trouvé ma place.

Nous avons alors enchaîné des mois durant des interpellations de terroristes, de forcenés, des prises d'otage, des affaires judiciaires de grand banditisme et des enlèvements. Notre activité était dictée par l'actualité. Évidemment je ne peux pas rentrer dans le détail de ces missions pour des raisons évidentes. J'ai appris auprès des meilleurs les spécificités d'un enquêteur de la BRI, la surveillance et la filature. J'avais l'impression de vivre dans un film d'action à la Jean-Paul Belmondo. Je ne m'étais pas trompé d'unité, j'avais fait les bons choix, je ne regrettais rien, j'étais à la BRI, affecté au 36 Quai des Orfèvres, j'étais membre à part entière de cette unité mythique, j'en portais l'écusson et ce n'était pas près de s'arrêter...

Focus

LA GESTION DU POIDS

Par Sabine, diététicienne nutritionniste

Si vous avez bien lu, Raph avait dû perdre 23 kg pour ses tests. La gestion du poids chez certains opérationnels, en devenir ou en poste, peut s'avérer être un sujet fondamental. Il doit être traité avec sérieux, au même titre que la préparation physique ou mentale. Le souhait de perdre du poids (de la masse grasse) ou de prendre de la masse musculaire vise à maximiser les performances physiques (explosivité, force, etc.). Si l'intention d'agir sur son poids est louable, encore faut-il trouver la bonne méthode pour ne pas s'éloigner de l'objectif !

PERDRE DU POIDS, C'EST ANTICIPER

Maigrir consiste à mobiliser une partie des réserves adipeuses du corps. Pour cela, deux stratégies sont possibles pour maximiser le résultat : diminuer les apports alimentaires et augmenter les dépenses énergétiques. Si elle est possible pour la grande majorité de la population, la seconde stratégie est difficile à mettre en place pour ceux qui ont déjà des charges d'entraînement élevées. L'alimentation devient alors une pierre angulaire qu'il va falloir façonner, tout comme pour l'entraînement, à force de travail et de patience.

Une perte de poids trop rapide engendre inévitablement une fonte musculaire. Les apports alimentaires trop bas obligent l'organisme à dégrader les protéines musculaires pour pouvoir en faire de l'énergie. Ainsi, les besoins essentiels du corps n'étant plus couverts, une altération de l'état de forme générale se met en place au bout de quelques jours, favorisant les blessures, et la fatigue psychologique.

Il convient donc de s'y prendre plusieurs mois à l'avance pour perdre le gras accumulé tout en préservant au maximum la masse musculaire et une bonne capacité physique. Une perte de poids raisonnable serait de l'ordre de 0,5 kg semaine ou plus précisément au maximum 1,5 % du poids de corps.

LE POIDS DE FORME

De par leur habileté hors norme, on a tendance à s'imaginer les opérationnels avec des gabarits très stéréotypés, oubliant que, dans chaque unité, travaillent côte à côte des hommes et femmes aux physiques pourtant très différents. Si l'IMC (rapport poids/taille) est regardé lors des sélections, il est rarement éliminatoire à lui tout seul.

C'est au fur et à mesure du cursus de formation physique au sein des armées que les corps se dessinent pour devenir les plus fonctionnels possibles. L'objectif en termes de poids n'est pas de répondre à un idéal, mais de supporter la charge de travail imposée, d'atteindre donc son poids de forme.

Le poids de forme est un celui à partir duquel il est possible d'observer la meilleure constance dans les performances, peu ou pas de blessures ou d'épisodes infectieux. Ce poids d'équilibre est le poids auquel le corps s'installe en respectant les sensations alimentaires de faim et de rassasiement. Il évolue souvent avec l'âge et le style de vie que l'on mène. Ce n'est donc pas un poids que l'on peut estimer scientifiquement.

Tenir un carnet d'entraînement, dans lequel est dédiée une place au poids peut être utile pour le déterminer. On y recueille les sensations lors des entraînements, les performances ou la rapidité de récupération. Au fur et à mesure des mois se dessine une fourchette de poids relativement étroite où tout va pour le mieux.

L'environnement dans lequel vont se passer les épreuves (froid, humidité, etc.), la durée, le timing des épreuves ainsi que les spécificités interpersonnelles sont également à prendre en compte pour optimiser son poids.

BIEN MENER SA PERTE DE POIDS

Quelques étapes simples peuvent suffire pour perdre de la masse graisseuse, mais préserver au maximum sa masse musculaire et conserver une bonne condition physique.

1/Améliorer la qualité de ses repas

- Limiter les aliments transformés : trop riches en sucre, sel ou en graisses, ces produits n'ont pas beaucoup d'intérêts nutritionnels et doivent rester de l'ordre du plaisir (fritures, charcuteries, biscuits, boissons sucrées, alcool, céréales croustillantes ou soufflées).
- Adopter une alimentation équilibrée avec :
  - des produits céréaliers complets (quinoa, flocons d'avoine, épeautre, blé complet, boulgour, sarrasin, etc.) ;
  - des fruits et légumes de saison ;
  - des protéines sous forme animale et/ou végétale (produits laitiers, oléagineux, poisson, légumineuses, œufs, viande) ;
  - des lipides de qualité riches en oméga 3 (noix, huile de colza/olive, poissons gras).

2/Adapter les quantités

- Réduire les quantités de féculents (1/4 de l'assiette) mais assurer des apports en récupération. Refaire les réserves en glycogène musculaire et hépatique du corps est indispensable !

- Plus de légumes que de féculents ! Les légumes devraient systématiquement être au menu et représenter au minimum 1/3 de l'assiette et jusqu'à 50 % de celle-ci selon votre faim et l'intensité de l'entraînement.
- Augmenter légèrement l'apport protéique.

3/Fractionner les prises alimentaires

- Manger régulièrement, toutes les quatre à cinq heures, grâce à la mise en place de collations, afin d'éviter l'urgence alimentaire qui pousse généralement à manger vite et beaucoup.

4/Être attentif à ses sensations

- Prendre le temps de manger (20-25 minutes) et de mastiquer.
- Prêter attention à ses sensations alimentaires. Le rassasiement se caractérise par un désintérêt alimentaire. Si vous vous sentez lourd après un repas, c'est probablement le signe que vous avez déjà dépassé ce seuil.

TÉMOIGNAGE 3

TATIANA, ANCIENNE NÉGOCIATRICE DU RAID

« S'il déclenche son dispositif,
il y aura des débris jusqu'à l'Élysée »

Je me fige littéralement sur place. C'est terminé nous avons perdu l'opportunité de solutionner cette affaire de manière pacifique. J'observe la colonne qui progresse, qui entre sur le terrain en longeant la façade de la maison. Je vois la mise en place du *door-raider* sur la porte, ce système d'une poussée hydraulique de plusieurs tonnes qui nous permet de forcer les ouvertures et d'entrer dans presque tous les cas. À ce moment-là, j'entends sur notre fréquence radio le sniper positionné juste en face de la fenêtre de l'individu décrire la scène suivante : « Les gars, le type a plusieurs bombonnes de gaz à l'intérieur et il est en train d'allumer un dispositif de mise à feu avec plusieurs billets de 500 euros. »

Il faut faire vite sinon il va tout faire exploser. Je me souviens des mots du responsable du déminage nous expliquer quelques heures auparavant que « s'il a réellement ce qu'il annonce et qu'il déclenche son dispositif, il y aura des débris jusqu'à l'Élysée ». On y est. Ce n'était pas du bluff. La présence de son arsenal est confirmée par nos THP (tireurs haute précision).

Mais que s'est-il passé ? Pourquoi y allons-nous ? Pourquoi maintenant ? J'ai en mémoire cette affaire de Ris-Orangis où l'unité a perdu deux de ses hommes face à un individu retranché, armé et déterminé… comme aujourd'hui. Puis soudain, j'entends des détonations sourdes, d'une arme que j'ai encore du mal à qualifier. J'entends un tir, plusieurs tirs. L'homme engage les collègues qui tentent de rentrer dans sa maison. Par chance, son dispositif d'allumage n'a pas fonctionné mais l'homme a de la ressource. Il possède d'autres moyens de nuire. Il part au combat et il engage lourdement. Le sol, glissant et totalement instable, rend difficile une mise en place rapide du *door-raider*. Les collègues se retrouvent pris au piège derrière la porte de cet homme qui ouvre le feu sur eux. Les balles fusent, la porte résiste, nous ne pouvons pas entrer. Le chef opérationnel est obligé de faire reculer ses hommes sous peine d'en perdre quelques-uns. C'est la sidération.

Nous sommes à l'aube d'une affaire qui va durer plus de seize heures, avec un homme lourdement armé et déterminé, pour qui la mort semble une option assumée tout autant que le combat. Il faut reprendre les négociations… Je suis impressionnée par le dispositif de sécurité mis en place. Qu'est-ce qui diffère des fois précédentes ? Qu'est-ce que cet homme a de différent de notre forcené de cette nuit qui nous a tenus éveillés jusqu'à 5 heures du matin ? Je vois autour de moi mon équipe, bien entendu, mais également les pompiers, la sécurité civile, les démineurs… La sécurité publique est là comme à chaque fois, ce sont eux qui font appel à nous car la situation justifie la présence d'un groupe d'intervention.

Mais ce matin, qu'est-ce qui est différent ? Je suis fatiguée. Nous avons travaillé toute la nuit. Nous sommes tous fatigués puisque c'est la même équipe qui se retrouve de nouveau, quelques heures après l'inter précédente, sur le terrain. Nous sommes une équipe restreinte, ce qui signifie que nous n'aurons pas de relève. Cela est souvent le cas, mais particulièrement en cette période où l'unité est éparpillée sur des missions diverses en plus des nombreuses missions à l'étranger qui rythment également la vie du service. Un homme, un « sénior », comme ils sont « catégorisés » dans notre typologie, s'est barricadé dans sa maison après avoir accueilli à l'aide de bombes artisanales, faites de clous, de poudre noire et de mèches lentes, les policiers et huissiers de justice venus l'exproprier de sa maison.

Le quartier bien tranquille d'une petite ville située dans le 93 va soudainement se figer dans le temps et vivre plusieurs heures de cauchemar. Dès les premières informations, nous apprenons que cet homme s'est littéralement terré chez lui depuis une quinzaine de jours. D'après ses voisins, les volets sont fermés depuis tout ce temps, et ils se demandent même s'il est toujours en vie, jusqu'à cet événement venu bousculer ce matin la quiétude de cette rue. J'apprends qu'il a très peu d'amitiés, qu'il est connu pour être querelleur, désagréable, bref, le voisin dont on se passerait bien. Pour autant, un habitant a une relation cordiale avec lui et précise que, depuis quelque temps, il est devenu plus renfermé, plus taciturne, jusqu'à s'être complètement coupé du monde et des rares contacts qu'il entretenait alors jusque-là. Un jour, il l'a vu revenir chargé de courses, s'enfermer, et depuis il n'a plus réussi à échanger avec lui. Cette information m'indique qu'il s'est préparé. Préparé à quoi ? Je ne le sais pas encore mais, manifestement, cette situation n'est pas le fruit du hasard, plutôt une préméditation de ce que nous vivons à ce moment-là.

Je vais appeler cet homme et, ensemble durant seize heures, je vais tenter de comprendre les raisons qui le poussent à agir ainsi, de comprendre sa volonté de rester dans sa maison jusqu'à la mort, quitte à emporter avec lui plusieurs d'entre nous. Pourquoi ? Il n'a rien contre nous. Il me le dira d'ailleurs à plusieurs reprises. Cependant, il en a après le système, la justice, et nous faisons partie du système puisqu'aujourd'hui nous tentons de le faire sortir. Alors de fait, nous sommes également dans sa cible. En procès depuis vingt ans avec ses voisins, il a perdu son emploi et sa femme, et sa maison va être vendue aux enchères. Il ne peut le supporter, il ne l'accepte pas et décide de se battre pour cela quoi qu'il en coûte. L'homme est un individu paranoïaque, il est méfiant. Les dix premières heures vont me permettre d'instaurer un lien, un rapport de confiance dans lequel je tente de comprendre avec lui ce qu'il est en train de vivre.

Sur une décision du préfet, le temps s'accélère. Celui-ci souhaite que cette affaire se termine car, par sécurité, le quartier entier a été relogé dans un gymnase en attendant une issue à la situation. Mon chef de service décide de prendre le contact, le ton change. Mais cela n'a pour effet qu'une dégradation de la situation : les négociations sont rompues. Nous voilà plongés dans un scénario où tout peut nous échapper. Finalement, à force d'explications, nous arriverons à convaincre notre chef de service que la négociation reste le meilleur point d'entrée et que le contact qu'il a avec moi reste notre meilleur atout. Patiemment, je réussirai à reprendre le contact avec lui et doucement, je réussirai à l'amener à une reddition.

Il nous aura fallu du temps, beaucoup de temps pour comprendre ses craintes et ses difficultés à lâcher prise et enfin pour qu'il prête attention à ce que je pourrais lui dire. Le temps... c'est une des clefs de mon métier. La gestion du temps est un élément indispensable à prendre en compte, tout autant que la gestion du stress ou de nos émotions. Aucune affaire ne ressemble à une autre, et à n'importe quel moment, un mot, une attitude, un regard... tout peut basculer. Cet homme se rendra à la négociation au bout de seize heures sans que nous ayons eu de blessé à déplorer, alors qu'il avait tout mis en œuvre pour que sa maison parte en fumée ainsi qu'une bonne partie du quartier dans lequel il résidait.

UN LIVRE M'A BOULEVERSÉ, *LE PULL-OVER ROUGE*

Je suis l'aînée d'une fratrie de six. Quatre frères et une sœur. Mes parents m'ont transmis des valeurs fortes basées sur la famille, le respect de l'autre, le don de soi et le sens du service rendu. J'étais une grande sportive, et ma jeunesse, je l'ai essentiellement passée dans des gymnases, en compétition, ou sur des terrains d'athlétisme. Issue d'une famille de sportifs, je me suis naturellement inscrite dans le même schéma. J'ai eu une jolie carrière en gymnastique aux agrès, bien qu'ayant commencé assez tard. Ma détermination et mon acharnement m'ont amenée sur les bancs de la compétition à un niveau où personne ne m'attendait.

En revanche, rien ne me prédestinait à entrer dans la Police, si ce n'est l'engagement et le sens du service rendu au travers des professions de mes parents. J'avais également, chevillées au corps, des valeurs auxquelles je crois toujours profondément, notamment celles de justice et d'équité. Je n'étais pas une élève brillante, ni une élève modèle. Je m'intéressais bien plus au sport qu'à l'école mais j'étais disciplinée. Rien n'a jamais été facile comme pour certains. Pour réussir, il me fallait apprendre et travailler beaucoup. J'entends encore certains de mes professeurs me dire : « Ce n'est pas brillant-brillant. » En troisième, ils ont même estimé que je n'étais pas faite pour les études générales et m'ont orientée sur un BEP secrétariat-comptabilité dans un premier temps, puis une première et terminale G pour continuer le cycle. Je sortais de la voie royale… je n'avais plus accès à la filière « générale » tant convoitée. J'ai donc suivi le chemin sur lequel on m'avait placée. J'y ai suivi ma route sur laquelle j'ai scellé des amitiés fortes. Nous avions toutes des rêves différents. D'aussi loin qu'elles se souviennent, mes amies me racontent encore ma détermination, mon goût pour la compétition et les challenges, mon rêve de devenir avocate… En effet, à l'âge de 16 ans, j'avais lu un livre qui m'avait particulièrement bouleversée : *Le Pull-over rouge*. Il s'agissait de l'affaire concernant Christian Ranucci, jugé et guillotiné pour avoir tué un enfant. Affaire pour laquelle celui-ci a toujours clamé son innocence jusqu'à son dernier souffle. Par la suite, je lirai également le livre écrit après sa mort afin de le réhabiliter. Cette condamnation définitive et irréversible d'un homme malgré un dossier judiciaire bancal m'a révoltée et a inscrit en moi la volonté de défendre « la veuve et l'orphelin ». La volonté de lutter contre toutes formes d'injustice. Je rêvais de devenir avocate et cela m'a motivée dans l'espoir d'intégrer la faculté de droit. En terminale, une professeure m'a dit : « Tatiana, vous êtes en filière secondaire, vous allez rivaliser avec des filières générales, vous n'avez pas le niveau pour la faculté de droit. Vous n'êtes pas formée à la prise de notes, vous plongerez, cela ira trop vite, ce n'est pas pour vous ! »

En y réfléchissant, c'est assez incroyable le nombre de personnes autour de moi qui ont cru mieux que moi savoir ce dont je serais capable ou non... (en dehors de ma famille ou mes amis, bien entendu). « Trop vieille pour avoir une carrière gymnique raisonnable. » « Pas dans la bonne filière pour faire du droit. » Puis, par la suite, « trop femme » pour intégrer un groupe d'intervention.

Bref, là où mes détracteurs voyaient une incapacité ou une incompatibilité, j'y voyais un challenge, une plus-value. J'ai appris beaucoup choses qui me servent encore aujourd'hui et qui m'ont également permis, à l'époque, de sauver mes années à la fac. Je me suis inscrite en première année de droit, tel était mon souhait car j'avais en ligne de mire l'avocature. Je reconnais que les débuts ont été difficiles. C'est vrai que, pour la prise de notes, j'étais un peu à la traîne… cependant, j'avais de la ressource. En effet, j'ai eu la chance d'apprendre la sténographie et évidemment cela m'a bien servi à ce moment-là. À la faculté de droit, la prise de notes est personnelle, tout va vite et il faut arriver à suivre. De ce fait, j'avais un avantage certain sur nombre de mes camarades issus des filières traditionnelles. Je bénéficiais en cours de mes connaissances en sténographie, et le soir, en rentrant à la maison, je traduisais mes notes et avais la totalité de la matière.

J'ai eu ma première année au rattrapage. L'été de cette année-là fut tellement douloureux à force de travailler que je me suis promis que cela ne m'arriverait plus. Et, effectivement, cela ne s'est plus jamais reproduit. Assez naturellement, j'ai fait mes cinq années de droit… n'en déplaise à mon ancienne prof ! Je ne suis d'ailleurs jamais retournée la voir. Ses mots avaient été durs et auraient pu être dévastateurs pour ma carrière si je n'avais pas eu le tempérament compétitif qui a toujours été le mien, et le soutien de ma mère. J'ai été élevée avec l'idée d'avoir le courage de faire ce que l'on croit juste pour soi-même quand les obstacles se dressent sur votre route. Ma mère m'a toujours encouragée à croire en moi, en mes rêves, à m'accrocher à mes convictions profondes et à ne jamais perdre de vue mes valeurs. C'est une éducation puissante que j'ai reçue et sur laquelle je me suis construite. C'est un levier sur lequel je m'appuie en permanence pour continuer malgré la difficulté. Aller chercher ce en quoi je crois car personne ne le fera pour moi.

Alors que j'étais à la bibliothèque universitaire, je fis une découverte qui va totalement bousculer mon existence. Je tombe sur un article qui relate la célèbre prise d'otage de « HB » (Human Bomb), cet homme qui va retenir en otage toute une classe de maternelle pendant plus de deux jours. L'article retrace toute l'histoire et évoque le travail très peu connu des négociateurs de crise criminelle. Négociateur de crise criminelle ! Faire de la psychologie sans être psychologue et mettre en avant la communication comme point d'entrée à la résolution de conflits quels qu'ils soient. Ce fut une véritable révélation. À ce moment précis, j'en étais intimement convaincue, c'était le métier que je voulais faire. Je ne m'étais absolument pas préparée à entrer dans la Police, quant au RAID, je découvris l'unité avec cette affaire. Du jour au lendemain, j'abandonne l'idée de l'avocature et passe le concours d'officier de Police dans la ferme intention de me présenter aux sélections pour entrer au RAID.

« LE RAID NE RECRUTE PAS DE FEMMES »

« Tu ne fais pas cinq ans de droit pour entrer dans la Police ! » « Le Raid est une unité d'élite, c'est hyper compliqué pour y rentrer », « Le Raid ne recrute pas de femmes », « Le métier d'avocat t'irait mieux... », etc.

J'ai entendu beaucoup de choses négatives à l'évocation de ma décision d'entrer dans la Police. Elles n'ont eu pour effet sur moi que de renforcer ma détermination. Je ne connaissais personne dans le milieu. Je crois que, encore aujourd'hui, je sois la seule à avoir eu une carrière dans la Police. Je ne savais absolument pas où je mettais les pieds, ni même si je réussirais à intégrer l'unité mais mon choix était fait. Quelque chose en moi résonnait si fort, comme une évidence, qu'il fallait que j'aille explorer cette voie. Je terminais mon cursus juridique et passais dans la foulée les tests d'officier. Quelques années plus tard après l'école de police, après mon premier poste en tant que lieutenant de police, le télégramme annonçant les tests de recrutement pour un négociateur au RAID tombe enfin. On y est ! La chance de ma vie ! L'unique raison pour laquelle je suis devenue policier.

J'étais à l'époque en poste dans un petit commissariat des Yvelines. Lorsque j'ai postulé, ma cheffe de service n'y a pas vraiment cru. Elle m'a dit : « Je donne mon accord pour que vous puissiez candidater parce qu'il y a peu de chance que vous soyez retenue » (trop difficile, pas de femme, etc.). Puis, elle avait ajouté : « Par ailleurs, j'ai besoin de vous ici ! » J'ai donc rempli mon dossier et je l'ai envoyé à la direction administrative. À l'époque il fallait cinq ans de service actif pour pouvoir postuler pour l'unité. Premier obstacle : je n'en avais que trois et demi. Mon dossier est revenu aussi vite qu'il était parti avec la mention « ne remplit pas les conditions administratives ». Je ne pouvais donc pas postuler. Le drame… Tout ça pour rien…

N'ayant rien à perdre, j'ai donc pris la décision d'envoyer le double de mon dossier au chef du RAID, accompagné d'une lettre expliquant les raisons qui avaient motivé mon entrée dans la police et pourquoi je pensais qu'il devait me permettre de passer les tests. Quelques jours plus tard, je recevais un appel du RAID me demandant de me présenter aux tests. Ça y est, c'était parti et je devais donner le maximum : ce genre de coup de chance ne se produit pas tous les jours. Étant sportive, je me suis bien préparée physiquement. Je dois cependant avouer que je n'avais aucune idée de ce qui allait m'être imposé. J'avais donc plus l'appréhension de la découverte que des épreuves en elles-mêmes. J'imaginais que, comme pour le concours d'entrée de la police, il y aurait un test du style « Cooper » (courir la plus grande distance possible sur 12 minutes). Je me suis donc beaucoup entraînée. Je courrais déjà très souvent. J'étais plus inquiète sur la partie psy et les entretiens, que je n'affectionnais pas particulièrement. J'ai décidé de travailler avec des annales de tests psychotechniques sans savoir s'ils allaient me mener quelque part. J'ai écumé, tout comme pour le concours d'officier d'ailleurs, les différents tests proposés dans divers ouvrages.

Bref, plusieurs semaines avant ma convocation aux tests, je me suis vraiment bien entraînée et préparée pour affronter les épreuves et les entretiens. Pourtant, quelques jours avant d'y aller, j'ai commencé à douter. J'en ai parlé à une collègue qui est devenue une amie, Catherine. Je craignais de quitter le commissariat, de quitter cette équipe dans laquelle j'étais bien. C'est Catherine qui m'a encouragée à y aller et m'a reboostée. Elle m'a dit : « Je vois comment tu fonctionnes ici, tu es faite pour ce métier, ça va bien se passer. » Cela m'a fait beaucoup de bien. Je crois qu'elle le pensait sincèrement mais je pense surtout qu'elle a compris que j'avais besoin de cet encouragement pour y aller.

Je ne l'ai pas évoqué plus haut, mais je fais partie de ces personnes qui doutent, qui se posent toujours des questions et qui réfléchissent longtemps avant d'agir. Je reconnais qu'il est parfois arrivé à mes proches de dépenser beaucoup d'énergie pour m'accompagner sur certains sujets. En revanche, une fois que je me lance, je ne renonce pas.

JE ME SUIS DIT QUE C'ÉTAIT FICHU, J'AVAIS CRAQUÉ EN ENTRETIEN. TROP NULLE...

Ça y est, me voilà au « château », ce superbe site riche d'histoire, situé au cœur de la vallée de la Bièvres. Nous sommes une trentaine de candidats en tout et il n'y aura qu'un poste à la fin. Je revois Christophe et Laurent que j'ai croisés à l'école des officiers lorsqu'ils sont venus présenter le service aux jeunes étudiants que nous étions. Nous sommes cinq femmes à nous présenter. Les épreuves vont se dérouler sur la semaine, des mises en situation de négociations, des épreuves de résistance au stress, des tests de cran, un parcours aquatique et les fameux prérequis éliminatoires. Ici, pas de barème spécifique hommes ou femmes. Les missions sont les mêmes pour l'ensemble des membres de l'unité donc il faut simplement être prêt.

Sans dévoiler ici les tests que j'ai eu à passer, je reste marquée par leur intensité, notamment ceux psychologiques que j'ai trouvés particulièrement denses et intrusifs. Je me rappelle un entretien qui a duré plus d'une heure trente où j'ai eu le sentiment de devoir justifier ma candidature eu égard à mon jeune âge et mon sexe. Je dois reconnaître que cela m'a dérangée que l'on puisse insister autant sur le sujet. J'ai eu également à subir le discours de : « On ne prendra pas de femme sur cette sélection, on recherche un homme. » Je trouvais cela tellement injuste. Pourtant, j'étais là et, comme mes autres camarades féminines, nous avions été convoquées, j'entendais donc bien aller jusqu'au bout quoi qu'il en soit réellement. La fin des tests s'est soldée par un entretien avec le jury, composé du chef de service, de ses deux adjoints, du chef opérationnel, du chef négo, et des psychologues. Je dois reconnaître que c'est la partie qui a été la plus éprouvante pour moi, mais essentiellement parce que je n'aime pas les entretiens de manière générale. En sortant, j'ai eu un sentiment mitigé.

Rapidement, le chef négo est venu me demander comment je m'étais sentie pendant ces tests et ce que j'en avais pensé. Je lui ai fait part de mon impression. L'entretien psy m'avait chamboulée. La psychologue devant laquelle j'étais passée avait détecté quelque chose et, sans m'en parler directement, avait eu une attitude particulièrement déplaisante. Elle m'avait dit : « Je suis surprise qu'une jeune femme de votre niveau universitaire puisse écrire un torchon pareil », en parlant de ma lettre de motivation et de son écriture. Je me rappelle parfaitement le contexte dans lequel j'avais écrit cette lettre. Je venais de perdre un ami et je n'étais pas en grande forme. Cela s'est ressenti sur mon écriture. Elle l'a vu. Elle a attendu la fin officielle de notre entretien pour me demander si j'avais quelque chose à ajouter.

Les larmes sont montées toutes seules et j'ai pu enfin parler de ce douloureux événement.

Je me suis dit que c'était fichu. J'avais craqué en entretien. Trop nulle. Juste avant de me laisser repartir, elle a changé de ton. Elle n'avait plus la même posture, elle reprenait ses habits de « psychologue » plus que de recruteur et d'une voix assez douce m'a rassurée en me disant : « Sachez, mademoiselle, que ce n'est pas ce genre de larmes que l'on retient sur ces sélections. » Je savais à ce moment-là que cela n'entrerait probablement pas en ligne de compte dans la décision finale. Je suis repartie de mes tests sans trop savoir et surtout sans grand espoir, un peu déçue, il faut bien le reconnaître. Le lendemain, je décidais de mettre entre parenthèses cet événement pour me concentrer sur mon périple en Inde : quatre semaines en sac à dos. À mon retour, j'apprendrais que je n'avais pas été retenue sur ces sélections.

Le temps est passé. Six mois exactement, quand je reçus un appel du RAID me demandant de bien vouloir revenir passer un test psy supplémentaire. Très étonnée, je n'ai pas essayé d'en savoir plus et j'y suis allée. Le lendemain, je recevais à nouveau un appel d'un responsable de l'unité me félicitant et m'annonçant mon intégration au sein de ce prestigieux service. Ensuite, tout est allé très vite mais sans que je comprenne le pourquoi de ce revirement, mon rêve devenait réalité. Je n'eus qu'un jour pour dire au revoir à mes camarades du commissariat. J'allais écrire le nouveau chapitre tant attendu de ma vie professionnelle.

En arrivant au RAID, j'ai pu reconstituer les éléments du puzzle et apprendre que, lors des premières sélections, j'étais arrivée en tête. Le choix de prendre un homme en priorité l'avait emporté et j'en avais fait les frais en quelque sorte. J'appris aussi par la suite que les psychologues avaient défendu ardemment ma candidature en précisant que j'étais LA candidate pour ces sélections.

RIEN N'ÉTAIT ÉCRIT… JUSTE INSCRIT EN MOI

Ce fut le début d'une aventure absolument magique. Une aventure de treize ans au sein de cette unité opérationnelle. Mes débuts furent néanmoins difficiles. Je suis arrivée en tant que femme, officier de surcroît, et venais faire de la négo… L'unité n'avait accueilli que six femmes depuis sa création sur un effectif de cent quatre-vingts. L'accueil fut rude. Les premières phrases entendues ont été les suivantes : « Tu n'es pas la première gonzesse à venir nous péter les couilles » ; « Ça y est, les gars, on va pouvoir ouvrir une crèche ! »

Je ne savais pas bien comment accueillir tout cela. Cependant, une chose était sûre : j'étais fière d'être là, je pouvais garder la tête haute car j'étais allée chercher ma place sans faillir. Par la suite, j'ai eu le droit aux blagues assez classiques ou aux commentaires du genre : « On attend de voir ce qu'elle va donner sur le terrain, la petite. » Mais je commençais à prendre doucement conscience de l'univers dans lequel j'allais évoluer. Je savais qu'en intégrant ce type de service, tout ne serait pas simple. Il m'a fallu faire ma place et me faire accepter ; rentrer dans le rang sans perdre de vue qui j'étais, tout en étant assertive, ne m'excusant jamais d'être là. J'ai donc fait ma place. Tout se joue souvent sur le terrain et c'est de cette manière que l'on acquiert les compétences et le respect.

Par la suite, dans cette unité, ce qui m'a frappée – et ce, jusqu'au bout, je dois dire –, c'est cette déconcertante attitude sereine. Personne ne se prenait jamais au sérieux. La rigolade était toujours là, une espèce de légèreté qui pouvait nous faire oublier les raisons sérieuses pour lesquelles nous avions tous signé, à savoir le danger des interventions, des entraînements. Et puis, au moment des affaires, des crises, des interventions, le sentiment que tout reprenait naturellement sa place. D'un bloc, d'un seul homme, d'une unité, la machine se mettait en marche pour assurer la mission qui lui était confiée.

Mes meilleurs souvenirs sont, sans nul doute, nos récupérations d'otages. Le sentiment d'intense soulagement après avoir ramené en vie une personne pour qui le temps s'est suspendu durant sa séquestration. Sentir la force de chacun d'entre nous présente pour honorer notre devise parce que, pour nous, elle a un sens, le sens du devoir : « Servir sans faillir. »

Rien n'était écrit… juste inscrit en moi. La bienveillance de mes proches et ma détermination m'ont permis d'exercer le métier que je rêvais de faire. Nous sommes parfois notre propre frein : ne pas oser y aller parce que l'on pense que ce n'est pas pour soi ou parce que certains essaient de nous en convaincre. Je le dis très souvent : on peut essayer et ne pas y arriver, mais le plus important, c'est de toujours essayer pour n'avoir jamais aucun regret. Si c'était à refaire, je ne changerais rien. J'y croirai toujours et encore car ce que j'ai vécu m'a prouvé à quel point aller jusqu'au bout de ses rêves pouvait être un moteur puissant pour se dépasser. J'ai vécu *quelque chose de grand et d'exceptionnel* au sein d'une unité d'élite. Je vous souhaite à tous de vivre la même chose, vous qui aspirez peut-être également à rejoindre ce type d'unité toujours « spéciale » quoi qu'il en soit.

TÉMOIGNAGE 4

TEDDY, COMMANDO MARINE

« Teddy est bon à rien, il est vraiment nul »

Altitude 800 m… 700 m… 600 m… Plus que quelques secondes avant l'impact… Et merde ! Je viens de prendre mon sac opérationnel de 50 kg dans la bouche alors que je tombe du ciel à une vitesse d'environ 250 km/h. Comment ai-je pu en arriver là ?

Revenons maintenant quelques minutes en arrière, dans l'avion, à 4 150 m d'altitude, pour comprendre ce qu'il s'est passé.

Tout avait pourtant été contrôlé de mon côté, mon parachute G9 de 25 kg sur le dos, mon sac dans sa gaine bien accrochée devant moi avec son système de dégrafage rapide pour un atterrissage en douceur. La lumière dans la carlingue du Transall s'allume, tout est rouge. Une certaine tension est alors palpable. Imaginez-vous prêt à faire quelque chose qui n'est naturel pour personne, le stress monte, et si je n'en ai pas, alors ça devient dangereux. Je me lève, vérifie mon appareil de sécurité FX, qui permet une ouverture du parachute de secours en cas de problème, mon système LOR (libération, ouverture, réserve), ma poignée câble, et demande à mon pote de checker les aiguilles qui retiennent les deux voiles de mon parachute dans leurs poches. J'en fais de même pour lui et on se tape dans la main avec cette petite phrase : « Bon saut, *take care* ! », qui fait partie d'un petit rituel avant de sauter. Il n'y a plus un bruit, la concentration a pris le dessus sur les blagues. Je regarde mon altimètre, l'aiguille indique la bonne altitude, la tranche arrière s'ouvre et le vent s'engouffre dans tout l'avion. Je fixe la lumière rouge, le largueur nous annonce un petit vent au sol et une température actuelle de – 20 °C, rien de bien méchant. La lumière passe au vert avec un petit son qui vous donne le signal de sauter... Un par un, nous nous jetons dans le vide avec une masse totale d'environ 160 kg, je peux vous assurer que ça chute très, très vite. Je finis ma dérive, fais un quart de tour pour ralentir ma vitesse quand, soudainement, j'ai l'impression de prendre comme un mur dans la tronche à très grande allure.

À ce moment-là, tout va très vite, je perds connaissance quelques secondes avant de reprendre mes esprits, en essayant tant bien que mal de bloquer cette gaine qui ne tient que par deux crochets. Ma position pour tirer la poignée n'est pas optimale, mais je n'ai pas le choix. Je tire mais je continue à tomber. Putain ! qu'est-ce qui se passe ? Fais chier ! Je tourne la tête et m'aperçois que mon extracteur, qui sert à déployer ma voile, est enroulé autour de ma jambe.

Pour vous mettre dans l'ambiance, je suis maintenant à 1 500 m d'altitude, vitesse de croisière d'environ 200 km/h et mon parachute ne pourra pas s'ouvrir. Deux options s'offrent à moi : un, je libère ma voile principale et tout se passe bien, la voile de secours prend le relais ; deux, je libère ma voile principale et celle de secours s'enroule dedans pour faire une belle torche. Bien sûr, pendant cette réflexion, le temps ne s'arrête pas comme dans un film pour me laisser choisir. Je décide alors de libérer ma voile principale. Je suis passé en dessous des 1 000 m, mais rien ne se passe, elle ne sort pas. Là, ça devient vraiment chaud.

À ce moment, je me dis que ce n'est pas possible, que c'est un sketch, et que je ne peux pas mourir comme ça, je suis sûr qu'il y a un pote qui va venir et m'aider… Bon, personne n'est venu, ça m'a quand même fait du bien de rêver quelques secondes. Je bouge dans tous les sens pour forcer le destin, mon système de sécurité Pro-Dytter dans mon casque sonne l'alerte, je passe en dessous des 500 m.

Je suis à six secondes de l'impact lorsque mon parachute de secours s'ouvre, juste assez pour prendre les poignées et limiter la casse à l'atterrissage. Six secondes, comptez dans votre tête, ce n'est vraiment pas beaucoup, même une prière dure plus longtemps…

J'ai vécu cette situation car elle faisait partie de mon choix de vie. Je suis rentré dans les commandos marine à 19 ans par hasard et comme échappatoire.

UNE SACRÉE RACLÉE NÉCESSAIRE POUR LA SUITE

Jusqu'à l'âge de 7 ans, j'ai vécu dans le Doubs à Valdahon, dans la petite cité de la chapelle. Elle était collée au camp militaire où mon père était depuis son engagement dans l'Armée de terre. Avec ma mère, sur le rebord de la fenêtre, nous voyions, plusieurs fois par mois, des personnes camouflées avec des feuilles sur la tête et des armes se promener dans la cité. J'aimais bien passer à côté d'eux et les observer. Ils courraient, rampaient et tiraient avec des balles à blanc pour jouer à la guerre. Mon intérêt n'était que passager, je préférais faire tout ce qui était interdit et dangereux pour montrer à mes copains d'enfance que je n'avais peur de rien. Mon caractère était dur et mon imagination débordait de conneries. À 6 ans, on appela ma mère en catastrophe pour lui dire que son fils venait de mettre le feu dans les toilettes de l'école. Une autre fois, je rentrais griffé de partout jusqu'au sang pour avoir essayé de faire prendre un bain à un chat sauvage qui n'aimait vraiment pas l'eau. Du coup, avec mon pote, nous nous étions enfermés dans la salle de bains avec ce chat qui marchait sur l'eau et qui se débattait de toutes ses forces. Sa combativité lui avait réussi car ce jour-là il avait gagné et, comme Zorro, il avait signé sur nos bras et visages plusieurs dédicaces.

Une chose est sûre, c'est qu'il y avait une sorte d'énergie infinie en moi, je pense même que maintenant on parlerait d'hyperactivité. Mes parents avaient du mal à me gérer et surtout à comprendre ce qu'il fallait faire pour me calmer, même l'envie d'avoir un deuxième enfant a été retardée puisque nous avons huit ans de différence avec Jérémy, mon frère. Je suis souvent resté seul avec mes parents car, partout où nous allions, il était difficile de juste s'excuser parce que j'avais mordu un tel, frappé l'autre, cassé des jouets, ou même sauté à pieds joints sur une table en verre afin de la traverser, bref moi-même je ne voudrais pas d'enfant comme ça chez moi aujourd'hui.

J'ai passé ma deuxième partie d'enfance en Allemagne. Connaissez-vous les FFSA ? C'étaient les forces françaises stationnées en Allemagne, en gros il y avait plusieurs casernes françaises où certains militaires, comme mon père, étaient affectés. Nous étions dans un premier temps à Sarrebourg jusqu'à mes 15 ans puis à Saint-Wendel dans la Sarre. J'étais dans une école française et j'ai très vite compris que l'Éducation nationale, à travers ses méthodes d'apprentissage, n'était pas vraiment faite pour moi. La primaire s'est assez bien passée, avec forcément l'apprentissage des bases, et tout est devenu compliqué en arrivant au collège français à Trèves. J'ai commencé par redoubler ma sixième, j'avais peut-être une seule appréciation encourageante de mon prof de sport, sinon le reste était chaotique. Certains professeurs ne se rendent pas compte de l'impact qu'ils peuvent avoir sur des jeunes, avec leurs appréciations. La plus marquante d'entre elles était : « Teddy est bon à rien, il est vraiment nul. » Il est certain qu'aujourd'hui je ne laisserais jamais un professeur parler à l'une de mes filles comme cela. Mon caractère m'a empêché de douter de mes compétences et je vous conseille de ne jamais laisser personne vous rabaisser. Jusqu'à la troisième, je m'en sortais difficilement, juste assez pour atteindre la moyenne. La seule matière où je n'ai jamais failli, c'était le sport.

En parallèle, j'avais commencé, comme dans le film *Fight Club*, à faire des petites bagarres sous le tunnel à côté du collège. Peu importe l'âge, je ne reculais pas devant mes adversaires. Cela m'a valu quelques défaites quand, en cinquième, je me battais contre des terminales, mais il n'y avait pas d'animosité car je respectais toujours les règles : ne pas frapper la personne au sol, ne jamais frapper une fille, stopper lorsque le premier saigne, en fait, des bonnes bagarres à l'ancienne.

Forcément, je n'ai pas eu mon brevet des collèges, et je suis arrivé en seconde après avoir pris une raclée monumentale par mon père car j'avais été viré du seul collège français en Allemagne. Une fois de plus, j'ai perdu cette bagarre, assez violente car même la *Polizei*, la police allemande, était venue à la maison suite aux hurlements de ma correction. Avec du recul, il a eu totalement raison, car grâce à lui cela a créé un premier déclic et m'a permis d'obtenir mon bac. Il est sûr que, de nos jours, mon père aurait été embêté par les services sociaux, mais c'était une autre époque et je ne m'en plains pas, c'est ce qu'il me fallait...

Tout cela est bien beau, mais je ne savais toujours pas quoi faire de ma vie. J'étais très bon en sport mais pas du tout à l'école et malheureusement dans « sport-études » il y a « étude ». Dans diverses discussions avec mon père, il envisageait de m'envoyer dans la Légion étrangère, mais je vous avoue que je n'étais pas très fan de cette proposition. Ce qui peut paraître étrange, c'est que même le fait de vivre dans une garnison française collée à une caserne, cela ne m'a jamais donné envie de rejoindre l'armée. Je passais mes week-ends en discothèque et dans les PX, magasins américains à Kaiserslautern. C'est une ville militaire américaine en plein cœur de l'Allemagne où j'ai pu découvrir la cérémonie des « couleurs ». Chaque matin et soir, les voitures et piétons s'arrêtaient pour saluer la montée et la descente du drapeau américain, du vrai patriotisme.

GRÂCE À CE CON, J'ÉTAIS ENCORE PLUS DÉTERMINÉ

En 1997, âgé de 17 ans, en terminale STT au lycée Blaise-Pascal de Forbach, je suis monté par hasard dans un camion du centre d'information et de recrutement de la Marine nationale, ce fut pour moi le déclic !

Il y avait une photo avec quatre personnes sur un zodiac, coiffées d'un béret vert porté à l'anglaise, dont le badge « commandos marine » est à gauche. À savoir que dans toute l'Armée française, il est à droite. Le port du béret à l'anglaise, dans la Marine nationale, est l'héritage et la transmission des 177 commandos de la France libre commandés par le capitaine de corvette Philippe Kieffer, formés et entraînés par les Anglais en Écosse, et qui furent les seuls Français à débarquer sur les plages en Normandie le 6 juin 1944.

En dessous de cette affiche, il y avait marqué : « Rejoignez les FUMACO, forces spéciales de la Marine et devenez instructeur sport de combat, chuteur opérationnel, tireur d'élite… »

Emballé par mes compétences physiques du moment, j'ai demandé au maître principal, qui est l'équivalent d'un adjudant-chef dans l'Armée de terre, des informations pour créer mon dossier afin de caresser l'espoir de faire partie de cette unité prestigieuse.

Bon, mon emballement n'a duré que quelques secondes, car selon lui, au vu du bac informatique de gestion que j'allais passer et mon gabarit assez fin d'un garçon de 17 ans, il m'orienta vers la spécialité d'informaticien spécifique dans la branche des sous-marins. Il ajouta que les FUMACO étaient des vrais bêtes de guerre, avec une des sélections les plus dures de France.

Pour lui, je n'avais pas le profil pour cette unité. Ça a duré une journée et une nuit, car le lendemain matin je suis retourné dans ce camion en lui disant que je ne voulais pas être dans les sous-marins. Des commandos marine, il y en a et il y en aura toujours, alors pourquoi pas moi ? Une fois mon choix décidé, j'en ai fait part à mes parents, et mon père m'a fait rencontrer un des gars très sportifs de la caserne qui avait échoué au stage. Il m'a pris de haut en me baratinant sur le fait que ça sera impossible pour moi car lui-même n'avait pas réussi. Grâce à ce con, j'étais encore plus déterminé !! Vous trouverez toujours des personnes qui transposeront leurs échecs par rapport à vos objectifs.

En septembre, alors que je faisais acte de présence en BTS informatique, j'ai reçu un courrier d'admission pour commencer mon cursus professionnel au sein de la Marine nationale. J'ai quitté le monde de l'Éducation nationale en me faisant virer d'un cours, direction le CPE, j'ai juste mis fin à toutes ses remontrances en lui disant que c'est fini pour moi, ciao, je me casse !

RÉFORMÉ DE L'ARMÉE !

Direction le Centre d'instruction naval de Querqueville en novembre 1997. La joie fut de très courte durée. Je me rappelle cette découverte d'un nouveau monde pour moi, au milieu de quatre-vingts bonshommes de la section fusiliers marins, tous issus de milieux différents. Nos classes commençaient par un seul objectif en tête : le béret vert. Les profils étaient vraiment tous différents, de l'ancien militaire aux jeunes comme moi qui sortaient de l'école, je vous laisse imaginer la différence de gabarit. La première semaine était surtout là pour nous évaluer physiquement et nous habiller avec la magnifique tenue de travail du marin. Je ne le savais pas encore mais j'allais vivre mon premier échec au début de cette deuxième semaine. Arrivé à la visite médicale, le médecin me demanda si je pratiquais des sports de combat, auquel je répondis oui, de la boxe. Et après un fond d'œil méticuleux, il me déclara inapte à l'armée et réformé sur-le-champ. J'avais des petits trous microscopiques au niveau de la pupille dus à quelques impacts et cela ne passait pas dans la catégorisation des yeux.

Tout s'est effondré autour de moi. Mais après mon passage chez la première femme amiral de France, nous avons pu trouver une solution afin de me faire soigner dans le civil et me garantir d'être repris deux mois après sans refaire les tests d'entrée. Reparti dans le civil, les trous brûlés au laser pour les bouchers, me revoilà en janvier 1998 avec la nouvelle promotion. À partir de là, il était hors de question de revivre un échec.

Les classes se sont bien passées et, physiquement, j'étais toujours dans les premiers. J'y ai appris les bases de la vie en collectivité, le nettoyage de chiottes, les week-ends de garde, les grades et tout ce qui était nécessaire pour faire carrière. Une phrase d'un instructeur a toujours été présente dans ma tête, un peu comme mon leitmotiv : « Vous êtes soixante-quinze et sachez qu'il n'y aura que 10 % d'entre vous qui seront brevetés à la fin du stage co. » Le ton est donné, et la suite va se passer à Lorient, qui est la maison mère des commandos marine.

Plusieurs étapes se profilaient avant d'aller au stage commando. Le brevet élémentaire « Fusilier marin » se déroulait en quatre mois, pendant lesquels votre patron de formation vous préparait physiquement et mentalement pour la suite. On faisait un « dépoussiérage » tous les jours, peu importe le temps. Au menu, des tractions, des pompes, des topographies de nuit, de la course à pied, des montées de cordes avec un sac de 11 kg avant de manger et pleins d'autres jeux Nathan, aussi appelés « jeux intelligents ». Vous voulez un exemple ? Imaginez une boucle d'un kilomètre à faire en treillis-rangers, avec un temps donné. Le premier tour est chronométré, et vous devez faire mieux à chaque tour. Forcément, ce n'est pas individuel et nous n'avons pas tous le même niveau, donc nous partions à chaque fois pour plusieurs tours.

Ma préparation physique était guidée par le rythme du BE, je ne faisais rien de spécifique, mais continuais à devenir de plus en plus rustique à travers les efforts demandés. Cette gestion de la rusticité était la clef. Suis-je capable de courir aussi vite sans avoir dormi et complètement trempé ? Suis-je capable de faire mes deux cordes de 5 m avec mon sac de 11 kg tous les jours ? Suis-je capable de faire 25 m de longueur en apnée dans la piscine et descendre dans la cuve avec une eau de 6 °C à 3 m de profondeur pour aller chercher le plongeur ? Toutes ces certitudes seront chamboulées dès le premier jour du stage co, et la phrase « être et durer » allait prendre tout son sens.

METTRE MON CERVEAU SUR « OFF »

Me voilà arrivé au département Commando, la maison mère, là où les meilleurs sortiront. Sur les soixante-quinze du départ, nous ne sommes plus qu'une trentaine. Le stage a duré huit semaines, je vais essayer de vous raconter quelques moments inoubliables enfouis dans ma petite tête.

Ce fameux premier jour, nous étions alignés derrière le bâtiment, au garde-à-vous, à attendre que les volets s'ouvrent. Au bout de quelques minutes, le bruit reconnaissable d'un volet mal graissé retentit. Ça y est, j'y étais, une seule chose à faire, mettre mon cerveau sur « Off ». Les instructeurs étaient quatre, de morphologies différentes, mais inspirant tellement le respect. Il y avait le balèze, ancien du commando de Montfort qui pouvait t'assommer juste avec son poing ; le coureur, ancien du commando Trépel, hypertonique, qui vénérait la course à pied et l'eau ; l'homme traction, ancien de Montfort qui passait sa vie sous une barre ; et un lieutenant qui voulait faire ses preuves en matière d'instructeur.

Les semaines étaient vraiment très intenses car nous avons évolué sur les différents parcours commandos, toujours trempés, de jour comme de nuit, effectué du tir, de l'hélico, de la démolition, du nautisme, de la topographie et du corps-à-corps. Bien sûr, les journées étaient longues et nous n'avions aucun temps mort. Tous les déplacements se faisaient en courant, les repas étaient pris en cinq minutes, en même temps que le remplissage du plateau à la rampe et ensuite, direction le sous-sol du stage co pour faire des nœuds ou autres choses à préparer. S'il y a une chose à retenir, c'est que, aussi physique que vous soyez, le froid, l'accumulation de fatigue, la faim, le rythme infernal, la pression et l'eau vous mettront tous au même niveau à un moment ou un autre. Le physique a ses limites, le mental n'en a pas, mais il fallait rester collectif. Nous dormions pendant le stage entre quatre et huit heures par semaine, le plus souvent trempés de la tête aux pieds. Nous avons tous eu des moments de doute. Je me souviens parfaitement du mien.

J'étais tombé dans les barbelés lors d'un parcours évasion et ma main droite était ouverte. Nous étions arrivés au fort de Saint-Julien pour une semaine nautique – en gros, pression au maximum, pas de sommeil et tout le temps dans la flotte, l'enfer. Avec juste du chatterton pour panser ma blessure, le sel n'arrangeait pas la cicatrisation et ma blessure a commencé à pourrir. Je faisais donc de la fièvre et j'ai perdu 7 kg en une semaine. Comme je me l'étais toujours dit dès le début, je préférais mourir qu'abandonner, et si je sens la douleur, c'est que je suis encore vivant. La semaine s'est terminée avec une marche de 15 km dans le sable et un sac de 17 kg, bien sûr nous avions ramassé avant pour quelques bêtises faites.

L'autre moment fort de mon stage, c'était la partie torture appelé aussi « coxage ». J'étais à peine arrivé dans un bâtiment que deux colosses me tombaient dessus, m'enlevaient mes vêtements et me posaient en slip à genoux sur des cailloux, les mains attachées dans le dos, avec un sac en toile de jute sur la tête. Je suis resté un peu plus de dix heures dans cette position avec des petites phases d'interrogation où l'eau ne faisait pas que vous rafraîchir. Ces techniques sont importantes car elles vont puiser dans vos tripes la motivation recherchée pour faire partie des forces spéciales.

Nous sommes le dernier jour du stage co, sur les soixante-quinze de départ avec lesquels j'étais depuis Querqueville, nous ne sommes plus que six. Six nouveaux, coiffés du béret vert tant convoité. Vous dire comment et pourquoi j'ai réussi n'est pas chose simple. Certains parlent de sélection naturelle, d'autres de chance, je pense que l'on est tous faits pour quelque chose, et une fois la vocation trouvée, il ne faut pas donner d'autre issue à votre cerveau. Que vous fassiez trente tractions, deux cents pompes et couriez comme un lapin, rien ne vous garantit de sortir du stage co, mais retenez bien une chose : mieux vaut avoir une carcasse de Deudeuche avec un cœur de Rolls-Royce que l'inverse, le tout saupoudré d'audace. Lorsque toute la pression du stage est tombée, il m'a fallu, comme à beaucoup d'entre nous, entre six mois et un an pour retrouver mes qualités physiques d'avant stage.

UNE PRÉSENTATION ESCOUADE ASSEZ MOUVEMENTÉE

Après un passage de deux semaines à Pau pour être breveté parachutiste, j'ai été affecté au commando de Penfentenyo dans l'escouade Assaut. Le stage commando était dur, mais l'arrivée chez les « ops » l'était encore plus. Avant d'arriver au groupe nous avions deux mois de mise à niveau avec des commandos qui étaient en attente de cours ou stages spécialisés. Nous étions logés dans un bâtiment de soutien, avec autorisation de sortir le soir, la grande classe. Le planning de ces deux mois était essentiellement de la topo, du nautisme, du sport et du franchissement en cuve. Les deux mois passés, me voici aligné avec mes camarades devant le commando de Penfentenyo. Un commando d'environ 1,90 m, habillé en combinaison de saut, sort du bâtiment et demande qui est Palassy. Je lève la main et il me dit que je dois être prêt pour ma présentation escouade. Ce n'est pas juste un « bonjour-je-m'appelle-Teddy » mais un maximum de pompes, tractions, cordes et abdos devant les gars du groupe. Une fois fini, j'ai dû passer dans le groupe Reco et Appui pour refaire la même chose avec, à chaque fois, une ambiance différente. Entre le gars de la Reco bodybuildé qui m'a accueilli avec un sourire de psychopathe et le gars de l'appui, torse nu avec des bras comme mes cuisses, j'étais arrivé dans des meutes au milieu de mâles alpha. Le seul sourire que j'ai pu avoir pendant cette journée, c'est lorsque j'ai croisé mes camarades de stage qui avaient aussi embarqué dans leurs commandos respectifs. Ils avaient la même difficulté pour tenir leur plateau-repas, nos bras étaient tétanisés.

Ensuite, en groupe, tous les jours nous faisions des « apéros », pas des chips et cacahuètes, mais un rendez-vous dans les douches avant de manger pour effectuer plusieurs séries de tractions, pompes et abdos. Tout cela était en plus de notre programme journalier. Le matin, on faisait du sport jusqu'à 9 h 30 – 10 heures et ensuite on enchaînait sur différentes thématiques :

- tir ;
- franchissement escalade ;
- investigation (simulation prise d'otage, évacuation de ressortissants) ;

- exercice de nuit ;
- aérocordage en fonction des hélicoptères ;
- séance de saut en parachute ;
- raid nautique et rendez-vous sous-marin.

L'INFLUENCE COLLECTIVE

Quelques mois après mon arrivée, nous sommes partis en mission à Djibouti pour six mois. Le commando Trépel que nous venions relever venait d'effectuer sept mois, ils ont appris leur prolongation un mois avant de rentrer en France. Imaginez l'état d'esprit et l'état physique des gars, étant donné que tout le matériel spécifique était reparti en France. C'est au début de cette mission que j'ai vraiment douté de ma place au commando, je ne comprenais pas ce qu'on me demandait. Comme tous les nouveaux, je devais faire la vaisselle, le ménage, cuire des œufs durs le matin pour certains et faire des omelettes pour les autres, trier les olives vertes et noires ou construire une armoire à chaussures pour mes chefs. Je ne venais pas de me taper un stage co pour devenir « Tony Micelli » comme dans la série *Madame est servie*. En plus de tout cela, les anciens exerçaient une certaine pression qui était dure à gérer par manque de maturité de ma part. Je me souviens qu'on nous a demandé, quelques semaines après notre arrivée, si certains d'entre nous voulaient rentrer en France. Personne n'a levé la main et je suis resté par l'influence collective. À la fin de cette mission, le caporal adjoint nous a tordu notre badge commando et nous sommes devenus anciens parmi les jeunes. Ce fût pour moi l'école de la vie, des valeurs tellement fortes qu'il est difficile de trouver les mêmes dans le civil. J'ai effectué un deuxième stage commando pour devenir chef d'équipe, toujours aussi dur, et suis arrivé ensuite au commando Jaubert. Après de longs mois à un rythme important, j'ai décidé de quitter les commandos marine pour privilégier ma vie de famille. J'ai réussi les sélections pour devenir moniteur de sport, direction Fontainebleau pendant huit mois. Quelques années après, j'ai passé le stage « instructeur sports de combat » et atteint un autre objectif. J'étais devenu responsable de la cellule Préparation physique et sports de combat des commandos marine, retour à la maison mère. Une autre petite chose qui me permettait de me concentrer lors de certaines situations, c'était d'écouter une chanson qui agissait comme un point d'ancrage. Elle me permettait de bien visualiser ce que je devais faire, comme, par exemple, lors des sauts opérationnels en équipe de nuit à 4 000 m.

Si vous voulez écouter la musique que j'écoutais dans l'avion avant de sauter, la voici : *Ain't No Mountain High Enough*, Marvin Gaye et Tammi Rammel.

Ce que je retiens de cette première vie, c'est que tout est possible si on se donne les moyens. Personne à part vous ne connaît vos limites. Vous trouverez toujours des gens qui seront dans le négatif car cela les conforte peut-être. Ils aimeraient peut-être faire comme vous, mais l'audace et l'échec peuvent leur faire peur. Je me souviens de ce petit garçon que j'étais, à qui on a prédit de la prison, de la délinquance, bon à rien avec un niveau scolaire médiocre. Il m'a juste fallu un déclic pour me donner à mille pour cent et une bande de potes visant la même chose. J'ai passé seize ans dans la Marine nationale, huit ans en groupe commando et huit ans comme préparateur physique opérationnel. Ma deuxième vie continue dans le civil avec différents succès, alors foncez, donnez-vous les moyens, rien n'est facile mais tout est possible…

TÉMOIGNAGE 5

GASPARD, 4E RÉGIMENT D'HÉLICOPTÈRES DES FORCES SPÉCIALES (4E RHFS)

« Vous n'avez pas ce qu'il faut,
pour y aller il faut du charisme »

Les trois rotors de nos hélicoptères Cougar battent l'air dans un vacarme infernal, mêlant le sifflement des turbines au claquement des pâles. Nous sommes tous trois posés en attente sur ce stade de football qui nous sert de zone de parking temporaire. Il est environ 21 heures et nous attendons le « vert décollage » et le « vert action ». Ceux-ci nous seront donnés bientôt afin de décoller à l'instant précis qui nous permettra de suivre le tempo de la mission. Nous arriverons ainsi sur la zone d'action précisément à la minute prévue, garantissant ainsi un des paramètres de réussite de la mission.

Assis dans le siège blindé à la droite du cockpit, harnaché, et avec, comme toujours, l'impression d'être presque soudé à la « machine » (c'est ainsi que nous appelons nos hélicoptères), je viens de rabattre mes jumelles de vision nocturne devant les yeux. Je suis pilote, celui qui a la charge du pilotage de la machine. Dans un hélicoptère de manœuvre, nous sommes quatre : à côté de moi se trouve le pilote commandant de bord, qui est responsable de la machine et de la mission ; au milieu, légèrement en retrait, se trouve le mécanicien navigant, responsable du suivi technique de la machine ; et pour finir, en soute, le quatrième homme, qui est responsable de la mitrailleuse de bord et du guidage fin de la machine sur les phases délicates. Nous sommes donc prêts à décoller, je fais quelques mouvements de doigts sur les commandes de vol, signe invisible pour le reste de l'équipage, mais le signe d'une montée de stress pour moi. Je décollerai en numéro deux d'une formation de deux Cougar et nous serons suivis cinq minutes derrière par un troisième. Nous savons que nous allons dans une zone battue par les feux, une zone de guerre où des tirs de tous types et de tous calibres sont possibles sur zone.

Pour cette mission d'exfiltration, nous allons devoir nous servir des seules armes que nous possédons et qui nous confèrent un avantage certain : l'obscurité et la rapidité. En effet, la discrétion est de facto à oublier quand on se déplace près du sol avec un appareil de neuf tonnes motorisé grâce à deux turbines. Je profite alors des quelques instants restants pour me remémorer le déroulé de la mission. En effet, la zone d'action étant éloignée de seulement quelques kilomètres, le temps de vol sera en lui-même extrêmement court. Dans mes écouteurs j'entends alors le grésillement d'un début de communication : « Vert décollage. » Je sens le stress monter et la boule au ventre grandir sous mon gilet pare-balles. « Décollage », annonce le leader alors que je vois la machine de tête se mettre doucement en stationnaire, ses roues décollant une à une du sol en oscillant doucement. À mon tour je viens mettre la machine en vol stationnaire, prêt à imiter le décollage du leader. Mon stress latent laisse alors la place à la concentration du pilotage et de la mission. Nous décollons verticalement avant de plonger vers un bras de lagune, prenant ainsi de la vitesse. Nous allons la suivre pour rejoindre notre objectif, le tout en volant le plus bas possible. Au loin, au travers de mes JVN (jumelles de vision nocturne), j'entraperçois des éclairs et des flashs au-dessus du centre-ville. Cela se confirme, nous nous dirigeons vers une scène de guerre, « telle qu'on l'imagine dans un film », me dis-je, avec des explosions de lance-roquettes, des tirs de mitrailleuses lourdes traçantes. Mais cette vision ne doit ni me dérouter de l'objectif de la mission ni me déconcentrer. Je suis en train de suivre mon leader à pleine vitesse, au ras des flots et la trajectoire de vol comporte deux franchissements de lignes à haute tension ; mon attention doit être à son comble. Plus que quelques minutes de vol et nous arrivons au premier point de coordination, je dois alors ralentir pour laisser le leader prendre de l'avance. Équipé d'une mitrailleuse d'appui, il va pouvoir prendre sa position de tir et être en mesure de neutraliser d'éventuelles menaces pour sécuriser mon posé. Je le vois rétrécir au travers de ces tubes verts qui me servent à voir. Pendant ce laps de temps nous passons le deuxième point de coordination, j'aperçois alors la machine de tête se mettre en montée pour venir récupérer sa position.

Je dois effectuer un virage à droite, remonter un petit bras de lagune et revirer à gauche à un point donné pour franchir une immense haie d'arbres d'environ trente mètres de haut et atterrir en plein milieu d'un boulevard en contrebas de l'ambassade, le tout éclairé par des lampadaires nous rendant très vulnérables durant la phase au sol. Il nous faut donc être rapides, pour minimiser les risques et éviter d'être pris pour cible. J'effectue comme une sorte de bon avec la machine pour franchir la ligne d'arbres et plonger pour remonter le boulevard, entre les lampadaires. Approchant de la zone de posé, je ralentis. Lors du briefing, il était prévu que deux véhicules blindés de gendarmerie marquent un arrêt perpendiculairement au boulevard pour assurer notre protection. Mais sur place, il n'y a personne, ce qui va nous obliger à affiner l'endroit où poser, quitte à perdre du temps. Alors que nous remontons le boulevard, j'aperçois les bâtiments de l'ambassade que je reconnais, j'effectue un fort « cabré » avec la machine pour l'arrêter, puis je pose à hauteur de la porte d'où doit sortir notre précieux colis. Le quatrième homme en profite pour s'exclamer : « Putain ! ça a pété derrière. » Nous avons en effet été pris pour cible au lance-roquettes mais heureusement le projectile n'a pas atteint son but et a explosé deux cents mètres derrière nous.

Pendant ce temps, à bord, les minutes sont longues, et le membre du GIGN (Groupe d'intervention de la Gendarmerie nationale) en soute commence à s'impatienter « Mais qu'est-ce qu'ils foutent, bordel ! » La porte finit alors par s'ouvrir, laissant deux véhicules blindés sortir et se positionner devant et derrière nous. Deux membres du GIGN tenant l'ambassadeur chacun par un bras arrivent alors en courant afin de le faire embarquer au plus vite. On dirait que ce dernier touche à peine le sol, une scène qui me donne alors le sourire malgré ce moment de tension. Notre précieuse cargaison chargée et les portes fermées, j'utilise alors toute la puissance disponible des moteurs de la machine pour franchir encore une fois cette haie d'arbres. Replongeant vers la lagune, nous allons déposer notre homme au pied de sa résidence fortifiée, distante de seulement quelques kilomètres. Cette fois encore le posé sera difficile aux milieux de grands arbres et dans l'obscurité.

Telle a été ma première expérience de combat, une mise dans le bain immédiate qui a marqué le début de ma carrière dans les opérations spéciales. Qu'est-ce qui peut donner envie de piloter un hélicoptère en pleine zone de guerre, me demanderez-vous ? J'ai peut-être une réponse, mais celle-ci ne concerne que moi.

TOUT PETIT, J'AI SU QUE J'AVAIS ENVIE DE VOLER

Je suis né en 1977 à Paris, d'un père médecin et d'une mère infirmière, cadet d'une fratrie de trois enfants. Tous les éléments étaient réunis pour que je devienne à mon tour médecin, dentiste, gynécologue ou, a minima, infirmier dans l'armée, mais certainement pas pilote.

Après la région parisienne où j'ai finalement relativement peu vécu, notre famille partit en Basse-Normandie, à Saint-Lô, une petite ville bercée tous les ans par le souvenir du débarquement de juin 1944 et par le bombardement de la ville la veille du 6 Juin. Là réside peut-être un des fondements de ce que je suis devenu. Cette commémoration annuelle, ces expositions sur la Deuxième Guerre mondiale, ces récits, étaient autant d'éléments de fascination pour le petit enfant que j'étais, et la visite des nombreux monuments historiques et bunkers qui jalonnaient la région ne faisait que l'entretenir. De plus, il y avait beaucoup de passages d'appareils militaires de l'époque et, à chaque fois que l'un d'eux fendait le ciel, je demandais ensuite à mon père de quel type d'avion ou d'hélicoptère il s'agissait. « Alouette, Mirage III, Crusader, Super-Étendard... » Je n'étais jamais rassasié de les voir passer. Ceci est certainement un autre fondement de ma vie d'adulte : dès tout petit, j'ai su que j'avais envie de voler. Au début, il s'agissait de voler sur tous les appareils que je voyais sur le petit écran, et notamment le fameux X-Wing de *La Guerre des étoiles*. Puis, bien sûr, ce fut l'envie de devenir pilote de chasse qui me poursuivit longtemps.

À l'école, j'étais une véritable plaie pour les enseignants. Très peu assidu, j'aimais qu'on me laisse tranquille à rêvasser, et chaque fois qu'on me demandait de faire un dessin, pour une fête des Mères par exemple, je trouvais le moyen de dessiner un avion ou un hélicoptère. J'ai passé, malgré tout, une scolarité sans encombre, le minimum syndical mais sans plus car cela ne m'intéressait pas trop.

Après la Normandie, ma famille prit la direction du sud pour un département plus sauvage : la Corrèze. Moins humide mais plus chaleureux et mieux placé gastronomiquement, excepté pour les fruits de mer. Je poursuivis jusqu'à la terminale et le bac, suivi par un brevet de technicien supérieur, mais rien qui ne me passionnait plus que de voler. Dans ma famille on savait que je voulais devenir pilote, mais je ne sais pas si, au fond, tout le monde y croyait vraiment. Je n'étais certes pas le plus courageux ni le plus sportif, mais on me faisait quelquefois comprendre que c'était un doux rêve à oublier, plutôt que de me pousser, de m'encourager et de me donner confiance en moi. Mon grand-père reprocha même à mes parents de me laisser prendre cette voie. Plus j'y réfléchissais, plus je trouvais que voler seul dans son appareil était triste, alors que voler en équipage, proche du sol et en partant à l'aventure pouvait se révéler bien plus intéressant et exaltant.

En grandissant, et même si je n'étais pas un grand athlète à l'époque, j'ai toujours aimé pratiquer le sport, surtout du VTT. Certains sports ont même sûrement participé à ce que je suis devenu : escrime et sports de combat type karaté avec armes. J'avais par contre développé une certaine aversion pour le combat au sabre, avec un casque de kendo sur la tête, ou comment savoir provoquer l'erreur chez l'adversaire, lui offrir la possibilité de vous frapper à un endroit pour qu'il s'y engouffre et en profiter pour le toucher.

Parallèlement à cela, j'ai rapidement développé une passion pour les armes à feu ; une passion héréditaire et qui finit par toucher aussi mes deux frères. Adolescent, j'étais devenu féru de tir, d'unités spécifiques et d'armes de combat. Fascinés par les guerres comme celle du Vietnam, avec quelques amis, nous nous retrouvions le week-end pour aller arpenter les bois, habillés en treillis, par bon ou par mauvais temps, marchant dans la boue, sautant dans les ruisseaux. Nous effectuions alors plusieurs kilomètres dans un paysage vallonné et rentrions le soir fatigués, ayant passé une bonne journée, et toujours avec le sourire. Vous l'aurez compris, en prenant tous ces éléments bout à bout vous obtenez mon métier d'aujourd'hui, entre aviation d'un côté, opérations et tactique de l'autre.

J'ÉCHOUAI SUR L'APTITUDE SPORTIVE

Ma scolarité terminée, je me décidais alors à passer les sélections pour devenir pilote et entrer dans l'armée, et tenter enfin de réaliser ce rêve de gosse : pouvoir m'envoler. Initialement, je tentai de devenir pilote de chasse : je réussis une partie des tests, mais j'échouai sur l'aptitude sportive, blessure ou mauvaise gestion, je vis d'un coup mon rêve qui commençait à s'effondrer. Après quelques mois de remise en question, je décidai de m'orienter vers l'aviation légère de l'Armée de terre pour devenir pilote d'hélicoptère. Je m'étais un peu préparé mais pas assez, aussi pensais-je naïvement que se préparer pour les sélections se faisait en quelques semaines. Or c'est plutôt sur plusieurs années qu'il faut s'y prendre, afin d'avoir ça dans le sang et d'avoir un parcours de sélection plus facile. Je réussis les tests et fus admis pour le cursus. Je commençai ma formation par l'école militaire. À l'époque, pour devenir pilote d'hélicoptère dans l'ALAT (aviation légère de l'Armée de terre), nous commencions par sept mois à Saint-Maixent-l'École, afin de sortir sergent, chef de groupe. Ce passage par un tronc commun ne fut pas une tasse de thé pour une bonne partie des futurs pilotes. On y apprend, on s'amuse parfois, mais on attend surtout la remise de galons qui va nous permettre d'enchaîner sur la suite. C'est une formation qui est maintenant effectuée aux écoles de Coëtquidan, les pilotes étant tous à l'heure actuelle devenus officiers. Durant cette phase, ma première difficulté fut la mise à niveau sportive, car, comme je l'ai relaté précédemment, je n'étais pas très sportif. Je me souviens des difficultés à boire durant les marches, où l'on vous donnait des conseils contradictoires pour vous déstabiliser : vous hydrater mais ne pas boire quand on marche, boire mais pas trop, mais en même temps boire beaucoup, sans avoir le temps d'aller à l'approvisionnement d'eau. À ce sujet, mon conseil est de n'écouter que soi et de boire au maximum, mes tendons d'Achille s'en rappellent encore ! C'est aussi là que j'eus mes premiers contacts avec la privation de sommeil, je n'imaginais pas que l'on allait si peu nous laisser dormir et, ça non plus, je n'y étais pas spécialement prêt.

Je dois avouer que l'apprentissage de la privation de sommeil fut bénéfique pour la suite de ma carrière, ainsi que sur la connaissance de moi-même. Ne pas dormir et continuer à pouvoir rester opérationnel ne s'invente pas, ces balbutiements me serviraient plus tard. Lors du dernier mois de formation, nous passâmes un enchaînement d'examens et la fatigue fut bien présente, je me souviens que lorsque j'en avais réellement marre, que je voulais me mettre dans ma bulle pour quelques minutes, je mettais mes écouteurs et j'écoutais deux morceaux du *Black Album* de Metallica : « Nothing Else Matters » et « The Unforgiven ». Je m'échappais, et, loin du présent, j'étais regonflé à bloc jusqu'au lendemain.

SE POSER, DÉCOLLER, NAVIGUER…

La formation militaire terminée, toute la promotion de futurs pilotes rejoignit alors Dax pour le stage pilote. Celui-ci s'étend sur un peu moins d'un an ; les stages de formation ont certainement changé depuis mon passage, mais pas la manière d'y apprendre à voler, tout se fait toujours sur la même progressivité. Avant de mettre les patins en l'air il y a, en effet, une phase de théorie. J'eus la chance de faire partie du dernier stage pilote à n'effectuer que deux semaines de théorie avant de pouvoir m'envoler. Ce n'est plus le cas aujourd'hui, avec une phase de quelques mois assez lourde qui permet d'obtenir une qualification civile complète.

Mais revenons à l'hélicoptère. On apprend d'abord à voler en ligne droite, à virer, monter, descendre, ralentir accélérer… se poser, décoller… naviguer. Ceci prend toujours une centaine d'heures de vol. À l'issue de la formation à Dax et après avoir choisi notre spécialité, que ce soit sur hélicoptère léger, de manœuvre, ou bien d'attaque, c'est au Luc, en Provence, que se passe la formation complémentaire. Pour moi, ce fut sur Puma, le bon vieux toutou qui fait tout de l'Armée de terre. Ce fut au cours de ces stages que j'entendis parler du « détachement ALAT des opérations spéciales ». Au début je n'avais aucune idée de ce que c'était, mais au fur et à mesure de ma carrière, j'allais faire connaissance avec cette unité.

Aucune de ces formations n'est orientée sur la fatigue et le manque de sommeil, le stress que vous pouvez subir est juste celui des examens ou de l'enchaînement des vols. Pour passer ce premier cap, le secret est l'équilibre : être capable de travailler efficacement, mais de garder du temps pour soi, sortir, s'oxygéner, pour ne pas céder ou exploser. Dans mon cas, je me défoulais plutôt en faisant des sorties avec toujours le même petit groupe.

UN SOUVENIR MITIGÉ DE MON ARRIVÉE

Après plus de deux ans de formation j'arrivai en unité conventionnelle, pilote sur Puma au sein du 3e régiment d'hélicoptères de combat (RHC) à Étain. Commença alors, avec ses hauts et ses bas (plus de ces derniers, d'ailleurs), ma carrière de pilote opérationnel. Je garde un souvenir mitigé de mon arrivée. Soit mon caractère fier et taquin de l'époque n'était pas forcément adapté, soit l'ambiance qui y résidait était franchement morose, la disponibilité était catastrophique et celui qui arrivait motivé se retrouvait assez vite démotivé par les vieux pilotes qui ne pensaient qu'à quitter l'armée. On nous demandait d'apprendre, mais seul et sans être franchement aiguillé ni parrainé. Je suis sûr qu'à ce moment-là je n'aurais pas fait le poids pour entrer au « 4 » (4e régiment d'hélicoptères des forces spéciales). En ce qui me concerne, je n'étais alors pas suffisamment autonome ni assez préparé.

Cela devait être mon troisième séjour en OPEX (opération extérieure), en Côte d'Ivoire en 2004. Dans un contexte de crise, j'étais pilote sur une mission d'évacuation sanitaire. Alors que nous étions posés sur une antenne chirurgicale, afin de déposer un blessé, et alors que nous étions prêts à redécoller, une machine arriva pour se poser en s'annonçant à la radio. Mon commandant de bord dit alors « c'est le DAOS » (détachement ALAT des opérations spéciales) et dans les secondes qui suivirent, je vis un hélicoptère Cougar se poser juste à côté de nous, bardé de commandos, mitrailleuses en position. J'en restai bouche bée, cette vision venant de faire mouche dans mon esprit. J'eus l'impression de voir une unité qui faisait autre chose, de manière plus pragmatique et jusqu'au-boutiste. Durant ce séjour, j'ai pu discuter avec un de ces pilotes Cougar et connaître les critères de recrutement, ce dernier me suggéra vivement d'attendre d'être devenu pilote commandant de bord avant de tenter d'intégrer l'unité ; je n'étais alors que pilote.

SURVIVRE EN CAS DE CRASH ET D'ÉVASION EN ZONE HOSTILE

En serais-je capable ? En tout cas, j'en avais envie et cette unité atypique m'attirait. J'attendis donc de passer commandant de bord : ce titre n'est pas simplement une qualification mais un passage au second degré qui intègre des épreuves sportives et donc une remise à niveau physique supplémentaire, dont j'avais alors encore besoin.

Parallèlement à ça, j'avais pris l'habitude de courir bien plus souvent que par le passé. Je laissai tout de même passer six mois après l'obtention de cette qualification de manière à me renforcer physiquement : pompes, abdominaux, squats, traction. Je passai aussi deux mois en OPEX, de nouveau en Côte d'Ivoire, où je continuai alors de courir régulièrement pour me préparer, suivant des collègues plus rapides que moi. Le DAOS était présent au même moment à Abidjan et je pus observer et admirer de loin leurs activités, m'arrêtant de tout faire lorsqu'un Cougar décollait. Tout cela me donnait de plus en plus envie, nous étions alors en novembre 2007.

Avant de passer les évaluations du mois de février 2008, je me renseignai sur le déroulement de celles-ci, et je compris alors mon erreur de ne pas m'entraîner à marcher avec un sac à dos. J'étais en bonne condition physique certes, mais marcher avec 20 kg sur le dos en montagne dans des conditions difficiles alors que vous n'en avez pas l'habitude peut avoir raison d'une partie de vos ressources, en particulier de vos mollets. Ces évaluations, vous vous en doutez, sont faites pour vous épuiser, d'un côté pour voir ce que vous valez, ce qui est somme toute important (même si l'on ne recherche pas de bêtes de sport, on ne veut pas de caramels mous) mais pardessus tout, pour vous jauger lorsque vous êtes à bout. Lorsque l'on est épuisé, votre vraie personnalité apparaît, vous êtes vous-même, et c'est cet aspect qui est recherché afin de voir ce que donnent les gens lorsqu'ils sont au bout du rouleau. Dans ces conditions, personne ne joue la comédie. Le « 4 » a seulement besoin d'hommes et de femmes en bonne condition physique, endurants, rustiques, capables de faire leur métier et de survivre en cas de crash et d'évasion en territoire hostile. Nous ne sommes pas des commandos.

Un souvenir me revient de ces évaluations. Alors que je remontais une pente très raide au milieu d'un champ, je fis une pause pour manger une barre de céréales, et non loin de moi se trouvait un âne, devant lequel j'étais déjà passé en descendant. Celui-ci paissait tranquillement et je me rappelle lui avoir parlé, lui expliquant que je repassais par-là, que je n'étais pas aussi stupide qu'il le pensait et qu'il pouvait continuer à paître tranquillement, le tout sur le ton de l'humour, bien sûr. Une heure plus tard environ, alors que je marchais en ligne de crête, j'entendis puis aperçus un hélicoptère Cougar, volant dans le coin, certainement pour saluer ceux qui faisaient alors passer ces évaluations. Je pris ça pour un présage, étant alors le seul pilote Cougar à postuler.

Alors que nous entamions le dernier tronçon nous permettant de rejoindre notre campement à l'issue des épreuves, et alors que mes pieds avaient refroidi, ces derniers mètres furent une véritable épreuve, mes pieds ayant auparavant tellement ramassé dans ces marches escarpées.

EXULTER DE JOIE

« Correspond au profil ». Telle fut la réponse indiquant que j'avais été reçu aux évaluations. « Oui mais ça, c'est parce que personne ne veut y aller qu'ils te prennent », telle fut aussi la phrase que je pus entendre çà et là, par jalousie ou par dédain. Peu m'importait, quelques mois après avoir postulé, je fus admis au stage Cougar. Les avis de mutation n'étant donnés qu'une fois par an, j'attendis donc l'hiver 2008 pour voir arriver un préavis favorable pour le DAOS.

Je croisai alors les doigts, tous, y compris les orteils. Début 2009, alors que je rentrai d'OPEX par voie aérienne (ramenant un Puma des Balkans en passant par l'Italie), et après une grosse journée de vol, j'ouvris mon courrier et un papier m'interpella. Une feuille A4 pliée en deux et agrafée, au travers de laquelle je lus à l'envers « ordre de mutation » et « détachement ALAT des opérations spéciales ». Ne retenant plus ce sourire sur mes lèvres, je rompis alors l'attache et pu lire le message, à l'endroit, me donnant un ordre de mutation en date du 1er août suivant. Après tant d'attente et tant d'épreuves, j'exultai de joie, faisant vibrer les murs de l'escadrille.

J'arrivai donc au DAOS le 1er août 2009, qui venait juste de devenir le 4°RHFS, mais l'arrivée dans une unité des forces spéciales n'eut rien à voir avec une unité conventionnelle. Certes, j'étais plus expérimenté que quelques années auparavant, autonome et motivé, mais j'étais enfin considéré et conseillé comme un pair. L'ambiance et l'intérêt commun font que les gens ne pensent pas comme dans une unité conventionnelle, même si nous en venons tous initialement. Là encore, la formule s'est étoffée depuis mon passage, la formation commençant par un tronc commun, puis une formation spécifique sur la machine, puis une formation commune à toutes les escadrilles, le principe étant d'apprendre à travailler ensemble avec plusieurs machines différentes.

À l'issue de ce cursus, toutes les unités du COS (Commandement des opérations spéciales) se rejoignent pour travailler ensemble, pendant trois semaines, de jour comme de nuit, afin de former les nouveaux arrivants. D'abord techniquement, puis tactiquement, plusieurs missions sont alors déroulées de manière intégrale, avec des élongations et, bien sûr, sur les plages horaires qui en découlent, à savoir en pleine nuit. Cette phase est dense et intéressante pour le nouvel arrivant, il va toucher du doigt les préparations de mission minutieuses, prenant en compte tous les paramètres, puis la dérouler intégralement de nuit, voire jusqu'au petit jour avec la fatigue accumulée.

À ce moment on apprend à gérer, en plus du reste, son capital énergie, une mission pouvant se dérouler sur un laps de temps important, il faut être en mesure de durer, ou de récupérer sur des temps courts pour aller jusqu'au bout. Dans ce cas, tout est permis, cafetière portable, vitamine C… L'important est que, au moment où vous pouvez dormir, vous devez dormir. C'est une phase où quelqu'un qui est déjà parent a forcément un petit avantage technique ! Dans mon cas, lors de cette étape de formation, j'ai enchaîné plusieurs missions de nuit et j'ai terminé assez fatigué : étant le seul nouvel arrivant sur Cougar, je devais être sur toutes les missions. Après cette phase de formation arrive l'exercice final, où l'on vous lâche dans la nature, simulant un crash en milieu hostile, vous devez alors vous exfiltrer. Sans rentrer dans les détails, qui doivent demeurer secrets, vous vous retrouvez dans un exercice d'interrogatoire. Cette dernière épreuve vous emmène loin, loin au-delà de vos limites connues, vous prouvant que la force d'esprit est bien l'élément principal.

STABILITÉ ÉMOTIONNELLE ET HUMILITÉ

Au bout d'un an dans ce nouveau régiment, et après deux projections planifiées, je fus pour la première fois projeté et ce, de manière inopinée. Plusieurs mois après, alors que nous étions en séjour opérationnel, j'allais effectuer ma première mission de combat.

Ce serait à refaire je le referais, pas seulement cette carrière mais plutôt une vie tout entière, une aventure riche humainement et techniquement, qui m'a attisé pendant toutes ces années, avec ses bons et ses mauvais côtés, qui peut vous réchauffer, mais peut aussi vous brûler par les risques importants que vous prenez et les conséquences de ce métier si particulier. Les qualités demandées pour le métier de pilote d'hélicoptère dans les opérations spéciales reposent sur plusieurs fondamentaux, mais ceux qui dominent principalement sont la stabilité émotionnelle et l'humilité. Ceci, car on est tellement peu de choses et les événements peuvent basculer si vite qu'il faut être capable de rester à sa place et de garder la tête froide pour affronter le pire, ou du moins être capable de garder le maximum de ses capacités dans ces moments-là. L'arrivée au 4e régiment d'hélicoptère des forces spéciales ne se fait pas directement en sortie d'école, ou du moins il est très rare que cela se produise, le « 4 » a besoin de gens autonomes et avec une certaine expérience. C'est pourquoi il est recommandé d'avoir un peu d'expérience dans une autre unité conventionnelle avant d'y postuler. Les profils des pilotes du « 4 » ne sont pas tous les mêmes, je parle surtout des histoires personnelles et professionnelles qui nous ont amenés depuis notre enfance jusqu'aux évaluations d'entrée. En revanche c'est dans l'action et dans la vie de tous les jours que les points communs ressortent malgré les différences. Certains ont entamé leur parcours militaire pour venir spécifiquement dans cette unité, ils se sont engagés pour ça, d'autres ont découvert le « 4 » durant leur formation de pilote et ont eu envie d'y aller comme un aboutissement à leur carrière, d'autres encore ont découvert l'unité en voyant certains collègues y partir et enfin, certains ont participé à la naissance du régiment et sont encore présents aujourd'hui dans ses murs. Les parcours scolaires sont aussi très variés, certains ayant une licence en politique ou d'autres juste le bac. C'est donc cette variété de profils qui composent les escadrilles du « 4 ». En quelques années passées à y opérer, j'ai vu la pyramide des âges et les mentalités évoluer. Parmi ce petit monde, il y a également quelques femmes qui ont fait et font partie de l'aventure et mon escadrille a d'ailleurs intégré la première femme pilote d'hélicoptère de manœuvre cette année.

Après plus de vingt ans de carrière dans l'ALAT, dont treize dans les opérations spéciales, je pense que rien, initialement, ne m'avait orienté à devenir ce que je suis devenu, ni simplement préparé à ce que j'ai vécu. Ce que j'entends par là, c'est que ce fut la somme de multiples petites choses ajoutées les unes aux autres qui m'ont amené petit à petit à emprunter cette voie. Un hasard, ou pas, ces éléments de ma vie ont participé à m'amener jusque-là, et sans aucun regret.

Focus

LE SOMMEIL ET LA VIGILANCE

Par Ismaël, préparateur mental

Étant donné que Gaspard nous en a parlé, saviez-vous qu'un sommeil de bonne qualité procure les meilleures conditions pour assumer toutes les tâches de la journée d'un opérateur ? Par conséquent, un bon sommeil vous permettra d'optimiser votre niveau de vigilance et de repousser la fatigue dans le temps.

Pour être optimal, il est intéressant de connaître :

- vos cycles de sommeil,
- votre chronotype ;

et de privilégier :

- le coucher au moment des signes d'hypovigilance ;
- le réveil naturel ;
- le lever à la même heure.

Mais lorsque l'on est un opérateur, soumis à des contraintes (travail de nuit, période de vigilance longue, accumulation de la fatigue, etc.) qui peuvent perturber notre sommeil, cela va avoir un impact sur notre vigilance.

Ce qui aura pour effet :

- de la somnolence et un temps de réaction augmenté ;
- l'augmentation des risques sur des engagements tactiques ou lors d'ouverture du feu ;
- des inattentions et l'augmentation des erreurs ;
- la réduction de la concentration et de la prise de décision.

Par conséquent, il est essentiel, dans ces métiers d'élites, de savoir gérer ses temps d'activité (lorsque l'on peut) et de repos, son sommeil et sa vigilance.

LES CONSEILS POUR UNE MEILLEURE GESTION DU SOMMEIL

- Savoir récupérer, mieux vaut se coucher plus tôt.
- Gérer son capital sommeil.
- Créer des conditions favorables à un sommeil de qualité – isolation sensorielle, éviter de pratiquer une activité sportive intense (moins de 2 h), alimentation saine, éviter l'automédication.

- Favoriser la synchronisation et la vigilance diurne en s'exposant à la lumière naturelle.

AUGMENTER LE NIVEAU DE LA VIGILANCE ET DE L'ATTENTION

La vigilance va correspondre au niveau d'éveil, sensation de forme, capacité d'attention et efficacité des performances. Celle-ci va fluctuer sur une durée de vingt-quatre heures.

Pour autant, les opérateurs développent, avec le temps et de l'entraînement, des capacités de concentration lors des périodes où la vigilance est censée baisser.

Comment ? Tout simplement en s'appliquant à :

- s'entraîner à différentes heures de la journée ;
- développer l'endurance de concentration (situations d'entraînement longues, stages) ;
- gérer son « effort attentionnel » ;
- recourir aux techniques pour augmenter son niveau d'attention aux heures moins favorables ;
- veiller à la composante physiologique : la préparation physique, la nutrition, l'hydratation jouent sur la capacité à maintenir sa concentration.

TÉMOIGNAGE 6

GUILLAUME, 13E RÉGIMENT DE DRAGONS PARACHUTISTES (13E RDP)

« J'ai dû grandir très vite »

En l'espace de quelques secondes, je me retrouve cagoulé, les mains entravées. Nous sommes tous entassés les uns derrière les autres, debout. La sonnerie retentit et la lumière rouge laisse la place au vert, c'est le « go » ; j'avance comme je peux malgré l'encombrement de ma gaine, ce sac qui gêne ma progression. Tant bien que mal, j'arrive à la porte de l'avion et m'éjecte dans le vide nocturne. C'est un saut en ouverture automatique. En quelques secondes, ma voile s'ouvre, puis c'est le calme total. Il fait nuit noire ; je n'ai quasiment aucun visuel. Je déleste ma gaine qui pend maintenant quelques mètres en dessous de moi. J'ai la sensation de descendre vite, très vite. Je prends ma position, serre les jambes ; j'entends ma gaine toucher le sol et, quasi simultanément, j'impacte la planète. Le choc est si puissant que je reste au sol complètement sonné. Je reprends mes esprits et ressens une douleur à la cheville… C'est supportable et j'arrive à marcher, mais je sens que ça va être compliqué. Avec mon groupe, une longue marche avec un fort dénivelé nous attend. Nous avons rendez-vous dans un hangar avec un contact partisan qui nous donnera les éléments pour la suite de notre mission.

Sac sur le dos, nous marchons pendant des heures. Ma cheville tient. Nous essayons de nous arrêter le moins souvent possible pour ne pas perdre de temps. La fatigue est là, mais la douleur aussi. Je ne dis rien, j'avance en silence. Enfin nous arrivons près du point de rendez-vous. Nous nous dirigeons vers notre contact, rentrons dans le hangar. Soudain, une grande porte métallique se referme derrière nous.

D'un seul coup des hommes cagoulés, tenant fermement des chiens en laisse, nous encerclent. Tout va très vite. Je me retrouve immobilisé au sol ; mes mains sont attachées dans mon dos et un masque opaque m'aveugle brutalement. Un casque est posé sur mes oreilles, je n'entends plus rien. Pris de surprise, je n'ai pu m'échapper.

Je suis trimballé pendant une dizaine de minutes. Le casque sur mes oreilles m'est retiré un court instant ; j'entends le grognement d'un chien tout proche de moi. Je suis déshabillé entièrement, puis, sans ménagement, l'un des hommes m'aide à enfiler une combinaison. Je sens que l'on me fait un marquage sur la main, sans doute un numéro. Pieds nus, je suis amené à l'arrière d'une fourgonnette et ressens la présence d'autres personnes, sans doute mes camarades d'infortune.

Malgré le casque antibruit toujours sur mes oreilles, j'entends comme un son de marteau-piqueur. On m'installe sans ménagement dans une position très inconfortable, et on me retire le casque. Le bruit est soudain extrêmement fort, quasi insupportable. Les genoux au sol, le corps en léger déséquilibre vers l'avant, il m'est impossible de m'endormir. Pourtant cela fera bientôt quarante-huit heures que je n'ai pas fermé l'œil. Impossible aussi de communiquer avec quiconque, mais je doute d'être seul dans cet endroit.

Je reste dans cette position qui devient difficile à supporter je ne sais combien de temps, puis on revient me chercher. La douleur ne me quitte pas, cheville, genoux, dos, poignets, pieds... Cependant, l'éloignement du bruit m'apporte un peu de calme car je suis emmené dans une pièce et installé sur une chaise. Masque et casque antibruit me sont retirés. L'obscurité laisse place à un phare éblouissant qui m'aveugle tout autant. Des questions me sont posées dans une langue étrangère par un individu à la voix plutôt neutre ; c'est comme ça que je ressens le ton avec lequel il s'exprime. Je reste silencieux. Je ne sais pas si c'est la meilleure stratégie, mais je ne dis pas un mot, de plus je ne comprends pas tout ce qu'il me dit. Il n'insiste pas et j'ai droit de nouveau au bruit insupportable et aux positions de stress de la salle précédente. J'ai l'impression d'être là depuis des heures, je perds la notion du temps et de l'espace ; aller aux toilettes est une épreuve humiliante. Mon corps s'est refroidi, les positions que l'on m'impose me font extrêmement mal aux genoux, marcher devient aussi un calvaire pour moi.

Je me retrouve installé sur une chaise, seul moment de répit. Je m'attends au même interrogatoire que le précédent, mais cette fois-ci, c'est une femme qui me fait face, elle paraît beaucoup plus agréable. Je vois aussi sur la table certaines de mes affaires personnelles. Je constate que mon sac ainsi que ma tenue ont été minutieusement fouillés. Je ne sais plus trop ce que je peux dire ou pas, mais je sens que je dois gagner du temps, même si j'en perds la notion. Le temps, que j'ai de plus en plus de mal à percevoir, passe dans ce cadre glacial jusqu'à ce que je me retrouve debout, face à un homme qui me crie dessus en tapant avec un bâton sur un bureau, sans doute métallique. Je ne comprends absolument rien à ses aboiements. Je reçois comme des seaux d'eau ; c'est à chaque fois un effet de surprise, et je ne sais plus si j'ai froid ou si j'ai chaud. Faute de sommeil, j'ai l'impression d'avoir des hallucinations, seule la douleur me rappelle que je suis bien éveillé.

Le temps s'écoule, toujours aussi lourd. Soudain, le bruit de marteau-piqueur s'arrête, mon casque antibruit m'est retiré, une personne nous informe que l'exercice est terminé, puis nous retire la cagoule ainsi que les liens qui entravent nos poignets. *Vivre et subir l'entraînement, pour comprendre la réalité.* J'étais à l'étranger et participais à un exercice avec une armée étrangère. L'étape de la capture nous était jusque-là inconnue.

JE NE LE SAVAIS PAS, MAIS MA VIE ALLAIT CHANGER CE JOUR-LÀ

Né en 1983 en Lozère, je suis l'aîné d'une famille de cinq enfants plutôt modeste. Ma mère s'occupait de nous et mon père était ouvrier dans une usine métallurgique. Nous vivions dans l'atmosphère des cités de l'usine – des rangées d'appartements sur plusieurs centaines de mètres, tous semblables. Cet endroit est toute mon enfance ; des familles d'ouvriers vivaient là et, d'une certaine façon, nous étions tous voisins, semblables et proches. Il y avait beaucoup d'enfants et nous passions notre temps à jouer dehors.

Mon père était un grand sportif, il parcourait la France pour participer à des courses, généralement des semi-marathons. Je ne pouvais pas l'accompagner, alors j'attendais le 15 août, car ce jour-là, notre petite ville de 5 000 habitants organisait une course de 16 km ; je pouvais donc l'attendre, mon plus grand champion, sur la ligne d'arrivée, avec une immense fierté. Comme tout enfant, j'ai rapidement voulu prendre exemple sur lui. J'ai souvenir de la première fois où il nous a emmenés, mon frère et moi. C'était dans le Sud, j'avais 7 ans. Nous participions à notre première course et je ramenais alors mon premier trophée.

Un jour d'été, je venais de passer la nuit chez un ami, et une belle journée ensoleillée s'annonçait le lendemain. J'attendais au petit matin, avec impatience, que ma mère vienne me chercher car, comme chaque année, ce jour était celui où j'allais attendre mon père sur la ligne d'arrivée. Ce matin-là, je ne le savais pas mais ma vie allait changer.

Ma mère est arrivée en pleurs, et m'a pris dans ses bras. J'étais en panique et ne comprenais pas ce qu'elle me disait, ni ce qu'il se passait. Ce jour-là, mon père ne franchira pas la ligne d'arrivée. Il décédera suite à un arrêt cardiaque sur le parcours. Il avait 36 ans, j'en avais 9.

Je me retrouvais seul avec mon frère et ma petite sœur qui venait d'avoir 3 ans. J'allais donc, malgré moi, devoir prendre le rôle de responsable de famille et soutenir ma mère qui se retrouva seule à élever ses trois enfants.

Mes résultats scolaires se dégradèrent, je souffrais d'un manque paternel. Ainsi, je redoublai mon CM2, j'avais l'esprit ailleurs et la seule chose qui me permettait de m'évader était le sport.

Je voulais faire comme mon père, et montrer à ma mère ma capacité à prendre le relais et à réussir dans quelque chose. J'étais certes très jeune, trop jeune, mais déjà je sentais un besoin de lui apporter un peu de fierté d'une façon ou d'une autre. Depuis l'âge de 6 ans, je faisais du judo, puis rapidement je me suis mis à l'athlétisme. J'avais besoin de rigueur, et je la retrouvais dans les entraînements et les compétitions. Mon entraîneur était très dur, mais j'étais très proche de lui ; je retrouvais en lui l'autorité qu'il me manquait. Je suis persuadé que cela m'a empêché de sombrer dans les mauvaises fréquentations. Je passais mes week-ends en compétition et mes vacances en stage, je voyageais et avais ainsi l'esprit ailleurs.

Lorsque j'ai intégré le lycée, le sport était un fil conducteur dans ma vie. J'ai entamé des études dans le domaine de la vente, et en parallèle, je continuais le judo et faisais partie d'un centre d'entraînement de haut niveau en athlétisme. Mon niveau me permettait d'avoir régulièrement des vêtements et chaussures de sport gratuitement, c'était une bonne chose pour moi, et surtout des frais en moins pour notre foyer. J'avais ce sentiment d'apporter quelque chose à ma façon.

Clairement, je ne vivais pas la même jeunesse que la plupart de mes amis : je sortais très peu, ne faisais que peu d'écarts, et je ne devais rien laisser se mettre en travers de mon ambition sportive. À cette époque-là, mes résultats scolaires s'étaient améliorés, mais je savais que cette branche ne m'apporterait pas l'épanouissement dont j'avais besoin. J'avais clairement besoin d'un métier où l'on voyage, qui permette le dépassement de soi et le sentiment de devoir me rendre utile.

Je n'avais pas trop le droit à l'erreur. Or, je vivais loin de toutes les grandes villes, au milieu de nulle part, et ma mère n'avait pas les moyens de me payer des études. En perspective, deux options s'offraient à moi : rester et trouver un travail proche de chez moi ou bien tout quitter et partir loin, pour faire ce job qui me ferait vibrer.

J'AI ÉTÉ ÉLEVÉ AVEC DE VRAIES VALEURS

Chaque année, dans ma petite ville, une compagnie entière de soldats débarquait pendant une dizaine de jours. Ils venaient faire des manœuvres. C'est de cette façon que les habitants décrivaient ces activités non ordinaires. Le régiment le plus proche se trouvait à plus de 100 km, c'était donc une réelle attraction pour nous. Des dizaines de véhicules militaires défilaient dans les rues, les soldats étaient logés dans le gymnase municipal, entassés dans des lits Picot placés les uns à côté des autres.

La rigueur que dégageaient ces hommes, ainsi que leurs tenues uniformes et leur carrure forçaient l'admiration. Notre plus grosse occupation était de passer derrière eux et de récupérer les étuis des cartouches tirées ; avec le recul je me dis que cela les arrangeait plutôt bien de ne pas avoir à les ramasser. En échange, ils nous donnaient des rations de combat que l'on gardait précieusement. Nous scrutions leurs armes et leurs véhicules dès que nous le pouvions. Nous étions en admiration constante. Je me souviens avoir passé beaucoup de temps à discuter avec ces soldats, et je savais déjà qu'un jour je ferais comme eux.

Comme beaucoup de jeunes, les films de guerre m'animaient, et je pouvais aussi passer des heures à écouter le récit des anciens combattants de mon village envers qui j'avais énormément de respect.

Dans ma famille, personne n'était militaire ; ceci dit, j'avais été élevé avec de vraies valeurs, et je voulais être le premier à m'engager dans cette voie. Me battre pour mon pays au même titre que ma mère se battait pour nous élever ; elle était exemplaire et pleine de mérite à mes yeux.

J'attendais donc ma majorité pour postuler dans un métier qui pour moi était une réelle évidence. Pourtant un souvenir me reste en tête ; c'était lors d'une réunion entre parents et enseignants. Un professeur disait à ma mère : votre fils doit continuer ses études, il ne faut pas qu'il s'engage dans l'armée, ce serait du gâchis. À croire que pour certains, l'armée était une voie de garage. Mais ce n'était pas ma vision des choses, mon ambition était bien plus grande.

J'avais 18 ans et c'était le métier que je voulais faire.

NE PAS REFAIRE CETTE ERREUR

Je savais que pour réussir il fallait être très complet physiquement. Je baignais dans les arts martiaux depuis ma plus tendre enfance, puis j'avais un niveau national en athlétisme avec, comme spécialité, le décathlon. Cette épreuve, la plus complète dans cette discipline, était d'une certaine façon la préparation idéale et je m'entraînais deux fois par jour. Je devais être tonique, rapide et endurant.

J'alliais donc plaisir, compétition, performance et motivation ; avec les arts martiaux, c'était le combiné parfait dont j'avais besoin pour me préparer. Je ne savais pas vraiment ce qui m'attendait mais je me sentais relativement prêt physiquement.

Mon objectif était de faire quelque chose de difficilement atteignable, c'est-à-dire de choisir un corps d'armée reflétant la difficulté. Cet esprit de challenge ne me quittait pas.

À cette époque l'information n'était pas diffusée aussi largement qu'aujourd'hui. J'entendais beaucoup parler des parachutistes comme étant des hommes rustiques et courageux. Les choses s'éclaircissaient dans mon esprit, j'ai donc franchi la porte du centre de recrutement avec comme objectif de passer rapidement les tests de sélections nécessaires.

Les étapes se succédaient rapidement, je ne voulais pas perdre de temps, et, pour cela, je me laissais guider par mon recruteur.

Il me proposa un régiment dont j'entendais parler pour la première fois : le « 13 », le 13e régiment de dragons parachutiste. À vrai dire, le nom, ainsi que la plaquette du régiment qui m'était présentée, me plaisait bien, et cela suffisait à me convaincre. J'acceptai donc sur-le-champ sans me poser de questions et sans même savoir où ce régiment se trouvait.

Avec du recul, je prends conscience de mon engagement rapide, sans avoir eu une énorme réflexion et sans m'être vraiment renseigné. J'avoue avoir eu beaucoup de chance, mais je recommanderais aujourd'hui de ne pas faire cette erreur ; de prendre le temps de la réflexion et de se renseigner au maximum car, dans mon cas, le facteur chance était le fruit du hasard.

JE PRENAIS PLEINEMENT CONSCIENCE DE MES FAIBLESSES

Le « 13 » n'était pas encore un régiment des forces spéciales, mais il allait le devenir et ses spécificités en faisaient déjà un régiment exceptionnel.

J'étais jeune et j'avais envie d'évasion. J'allais être servi ! Le jour où j'ai signé mon contrat, j'ai pris un train en direction de Dieuze, petit village dans l'est de la France. Je me retrouvais à quelques kilomètres de la frontière allemande, loin de tout, dans une région où le climat était plutôt rude. Cela ne me changeait pas trop de ma région natale, mais j'avoue que j'aurais préféré le sud de la France. Jusque-là, beaucoup de mes choix étaient guidés sans trop de réflexion.

Je n'ai pas intégré le « 13 » dans le cursus « équipier de recherche », mais en tant que préparateur physique. Tout était donc à construire pour faire mes preuves.

Avant de passer mon brevet parachutiste, j'ai appris le métier de soldat. Ce fut pour moi une seconde éducation, celle de la vie en collectivité associée à la rigueur et à l'effort. Cela crée une forme de cohésion que je ne connaissais pas jusque-là ; galérer ensemble crée des liens plus forts qui dépassent la simple camaraderie.

J'ai commencé à découvrir le terme de « rusticité », et j'ai pris conscience qu'au départ nous n'étions pas tous égaux. J'avais arrêté ma scolarité, mais je replongeais dans les cours théoriques. Les activités physiques n'étaient plus dimensionnées de la même façon, elles se pratiquaient à toute heure du jour ou de la nuit. Le sommeil devenait un luxe, et je prenais pleinement conscience de mes faiblesses.

En entrant dans l'armée, je pensais qu'être fort physiquement suffisait, mais je me suis rapidement rendu compte que cela n'était pas le cas. Il fallait être fort mentalement, faire preuve d'une excellente capacité de compréhension, de mémorisation. Ces éléments s'associaient au manque de sommeil, ce qui rendait les choses encore plus difficiles à gérer.

Je l'ai réellement compris pendant mon stage commando. C'était l'hiver, les journées étaient rythmées d'activités physiques : sport de combat, pistes d'audace, parcours aquatiques dans une eau à 8 °C, et durant les soirées, nous avions des cours théoriques où nous luttions pour ne pas nous endormir, puis venaient les préparations des missions, et les marches et autres activités de nuit. Le manque de sommeil était pour moi le plus difficile, nous dormions à l'extérieur, environ une à deux heures par nuit, et cela pendant plusieurs semaines. Question repas, nous devions nous contenter de rations de combat, ce qui, à mon sens, n'était clairement pas suffisant. Quand vous associez efforts physiques, froid, fatigue et faim sur une longue période, c'est le mental qui doit prendre rapidement le relais, et quand le mental tient bon, alors seulement le corps s'adapte.

Pour comprendre la difficulté des stagiaires engagés en filière, ainsi que celle des équipiers de recherche, je devais moi-même me mettre en situation. Pour le préparateur, il faut aussi s'immerger au maximum dans un milieu ; en plus de le côtoyer, il lui faut aussi le vivre. C'était, et c'est toujours aujourd'hui, ma façon de voir les choses.

Par frustration de ne pas avoir été orienté dans la voie « ops », j'ai donc passé un maximum de qualifications en interne comme en externe ; je me greffais à différents exercices régimentaires, de jour comme de nuit. Bref, mon but était de faire mes preuves et de me former dans un maximum de domaines pour avoir la meilleure analyse possible sur mon unité.

FAIRE DES SACRIFICES SUR SA VIE PERSONNELLE DURANT DES MOIS

J'étais préparateur physique dans une unité où l'enseignement et la préparation des équipiers étaient, en raison de son fonctionnement, différents d'une unité conventionnelle.

La formation d'un équipier dure seize mois. Elle est intense. Je me souviens d'avoir donné des cours en début de formation à une soixantaine de stagiaires puis, quelques mois plus tard, je ne me retrouvais plus que face à une dizaine de rescapés.

Je ne rentrerai pas dans les détails de la formation, mais ce qui fait la difficulté de cette filière est l'association de différents éléments sur toute la durée, et ce qui en fait la réussite est la bonne gestion de ces éléments en équipe. Porter le fameux « dolmen », un sac de 60 kg, creuser et piocher pendant des heures après une infiltration, enchaîner les cours théoriques et pratiques et assimiler par cœur des procédures dans divers domaines, affronter le froid, la chaleur, la fatigue et la douleur, se retrouver isolé plusieurs jours sous terre dans une cache, coupé du monde extérieur, savoir être autonome et s'adapter, savoir travailler en équipe dans n'importe quelles circonstances. Faire face au non-conforme et faire des sacrifices sur sa vie personnelle durant des mois.

Pendant une période interminable et dans une rigueur indiscutable, le droit à l'erreur n'était quasiment pas permis. Ne pas avoir la moyenne à un module, effectuer une faute de procédure, ou une blessure, pouvaient écarter un stagiaire du groupe.

La filière au « 13 » est considérée comme une des formations les plus longues et les plus difficiles. Les stagiaires étaient très peu nombreux à être brevetés, et c'est seulement à ce moment-là qu'ils intégraient un escadron de recherche et commençaient à être formés dans leur spécialité.

Pendant mon temps libre, je me retrouvais avec plusieurs de mes camarades, chacun avait un domaine de prédilection en sport de combat. Tous les jours nous passions des heures à nous transmettre nos passions dans l'effort et la camaraderie.

Le « 13 » est une grande famille. Quand on y rentre, c'est généralement pour y faire carrière, et de ce fait, nous nous connaissons tous. La formation rend naturellement ses équipiers humbles et rustiques. Par ailleurs, le renseignement les rend discrets et le « job » est un réel travail d'équipe. Voilà en quelques mots pourquoi le « 13 » est une grande famille.

Malgré une intense formation dans ma spécialité, je ne me sentais pas doté de tous les outils nécessaires pour préparer mes camarades dans les meilleures conditions. Il me manquait quelque chose, et je me concentrais donc à travailler principalement sur les retours d'expérience pour y réadapter tout ce que j'avais appris. C'est cela qui fut ma mission pendant toutes ces années.

Les modules de corps-à-corps devenaient ainsi des modules de krav-maga adaptés à des petites équipes et à des thèmes bien spécifiques, les séances de natation devenaient un peu moins sportives, mais plus rustiques, dans l'eau glacée ou trouble. L'importance de la cohésion dominait la dimension individuelle. Chaque action sportive devait être liée à son aspect opérationnel sous toutes ses formes, et de manière intelligente et adaptée. L'aspect physique devait s'associer à l'intellect et au mental.

Voici un exemple de parcours aquatique en piscine, totalement sécurisé, destiné à apprendre la gestion du stress, l'analyse de situation et la mémorisation. Les stagiaires sont pieds nus, en treillis, les yeux bandés, casque antibruit pour ne rien entendre et ne pas communiquer entre eux. Tous sont attachés les uns aux autres. Embarqués dans un camion, ils n'ont aucune idée du lieu où ils vont être emmenés. Au bout de vingt minutes de roulage, nous arrivons à destination. Toujours tous sourds et aveugles, le groupe est dirigé dans les douches de la piscine.

Première étape : mis dans une position de stress (position volontairement très inconfortable), leurs casques antibruit leur sont retirés pour laisser place à une musique stridente tellement forte qu'elle est peu supportable. Par moments, ils sont aspergés d'eau glacée ; l'effet de surprise est permanent.

Deuxième étape : à tour de rôle, ils sont emmenés pour effectuer un parcours. Le stagiaire, accompagné, monte des escaliers, ne sachant pas qu'il se trouve dans une piscine ; il est en réalité mené en haut d'un plongeoir de cinq mètres. Arrivé en haut, les mains toujours attachées dans le dos, sa cagoule lui est enlevée et il est soudain aveuglé par un puissant faisceau lumineux. Pas le temps de se rendre compte où il se trouve, il est poussé dans le vide. Cette épreuve demande du cran et de la confiance. Avant de passer à l'étape suivante, le stagiaire retourne au « frigo », c'est-à-dire la zone de position de stress dans les douches. Dans cette zone, le stagiaire déboussolé est en pleine réflexion.

Troisième étape : le stagiaire est cagoulé, installé sur un petit toboggan pour enfant, des poids lui sont accrochés à la taille. Une fois poussé, il se retrouvera assis au fond de l'eau, à ce moment-là sa cagoule lui est retirée. Au fond de l'eau, un plongeur se trouve devant lui et lui tend une bouteille d'oxygène pour pouvoir respirer. Il lui faut donc, dans cette situation, garder son calme, et analyser rapidement la situation. Ce que ne sait pas le stagiaire à ce moment-là, c'est qu'il a pied... Retour au frigo.

Quatrième étape : dix photos se trouvent placées au fond de l'eau, chaque photo représente un matériel spécifique. Le stagiaire doit aller au fond du bassin pour mémoriser un maximum de photos. Il n'a pas le droit de remonter à la surface pendant trois minutes. Sa seule façon de pouvoir respirer se trouve à la surface de l'eau : une planche transpercée par un tuba flotte au-dessus de lui. Cette épreuve nécessite de garder son calme pour gérer sa respiration, et cela, associé à de la mémorisation et de la concentration.

L'exercice se termine à l'issue de cette dernière étape et un débriefing est effectué.

Il était facile de pouvoir s'entraîner en unité mais, en escadron, certains étaient plus souvent en mission qu'au régiment, et en fonction du lieu, l'entraînement qui permet de garder un homme opérationnel n'était parfois pas possible. C'était tout de même impensable que l'enchaînement des missions devienne une contrainte sur la capacité physique, car une contrainte physique s'associait à une contrainte opérationnelle. En me servant de mon expérience, j'ai alors travaillé sur une méthode permettant de pallier ces problèmes, et un premier manuel de préparation physique adapté aux unités opérationnelles voyait le jour en 2013.

IL N'Y AVAIT QUE DEUX PLACES

Cette année-là, après treize ans dans mon unité, était venu le temps de tourner la page, et de regarder vers de nouveaux horizons. J'avais 30 ans et encore une bonne condition physique, je décidais donc de quitter le domaine de la formation et profitais de mon parcours pour postuler dans les services spéciaux. Le cursus jusqu'aux tests de sélection fut long, assorti de divers entretiens et enquêtes de sécurité. Un avis favorable me permit de passer des tests de sélection ; nous étions une quinzaine à être arrivés jusque-là et il n'y avait que deux places. Je n'avais donc pas vraiment le droit à l'erreur.

Même si les tests étaient, comme pour beaucoup d'unités, non divulgués, les profils recherchés étaient bien ciblés, avec des tests adaptés à la spécialité pour laquelle je postulais. Je ne fus donc pas trop surpris, les avais imaginés et m'y étais bien préparé.

Comme la plupart des sélections, il faut savoir faire preuve de gestion tout en se donnant à cent pour cent. Malgré les capacités physiques et mentales de chacun, ceux qui en veulent le plus ont plus de chances de réussir. À ce stade-là, je crois que nous étions tous au taquet. Je restais cependant dans le doute complet jusqu'à la fin.

Le dernier jour, nous fûmes tous reçus individuellement une dernière fois, et l'on m'a annoncé que j'étais pris. Ce jour-là, la pression est retombée et j'ai dû dormir toute la journée. S'ensuivit quelques mois plus tard mon intégration dans l'équipe, puis une succession de stages dans différents domaines pendant au moins deux ans.

Ces années m'ont permis de m'épanouir et d'apprendre encore et encore. J'ai pu voyager dans plusieurs dizaines de pays, et eu l'occasion de travailler en collaboration avec les services spéciaux du monde entier. On comprendra que je ne développe pas plus avant ce chapitre qui n'en reste pas moins une séquence passionnante qui concrétise ma carrière après plus de vingt ans.

J'ai continué à accroître mon expérience et à apprendre en tous domaines ; et cela continue aujourd'hui. Le plus important est de faire ce que l'on aime professionnellement. Dans ce métier, la stabilité est importante et celle-ci passe aussi par la famille.

Ne pas se sous-estimer, ne jamais penser que l'on n'est pas capable. Rien ne me prédestinait à cet avenir, mais finalement y a-t-il des parcours plus prédestinés que d'autres ? Je ne crois pas. Nous menons tous des vies différentes ; certes, certaines sont plus tendres que d'autres, mais lorsque l'on chute, on se relève toujours plus fort.

Nous avons tous des qualités et des défauts, personne n'est identique, mais peu importe, si vous voulez quelque chose, vous devez vous battre pour aller le chercher et cela, quels que soient les sacrifices. Rester motivé, travailler sans cesse pour aller au bout de nos objectifs et avancer étape par étape. Les échecs nous rendent plus forts encore. Devenir humble et le rester. Être discret, honnête envers soi-même et envers les autres.

Il est souvent difficile d'avancer seul ; l'entraide et la meilleure façon de voir le bout du tunnel ; on reçoit autant que l'on donne. Que ce soit dans notre parcours professionnel ou familial, vivons des moments forts mais sachons aussi affronter les moments difficiles.

Après toutes ces années riches, j'ai décidé de continuer à servir en transmettant mon retour d'expérience dans l'ombre, car la discrétion fait partie de mon éducation et de ma formation J'espère que ce message permettra de prendre conscience que, quand on le veut, l'impossible devient possible.

TÉMOIGNAGE 7

JULIEN, CONTRE-TERRORISME ET LIBÉRATION D'OTAGES MARINE (CTLO)

« C'était loin d'être gagné d'avance… »

Cette nuit déjà bien avancée est propice à mener notre action. L'adrénaline coule dans mes veines et j'ai hâte d'en découdre, même si au fond de moi je ressens comme une petite appréhension. La peur, j'essaie de la maîtriser en la mettant de côté et je fais confiance à chacun des membres de l'équipe du CTLO. Cette loyauté est toute réciproque. En cas de coups durs, je sais qu'ils ne me lâcheront pas. Chaque membre de l'équipe est comme le maillon d'une chaîne articulée qui dirait : rester soudés et infrangibles et vivre coûte que coûte.

Voilà quarante-huit heures que nous sommes au taquet. J'ai pu mémoriser les moindres détails de la cible : un *compound* afghan. Avec mes potes, nous avons analysé la structure de cette habitation, ses moyens d'accès, et jaugé la hauteur de son mur d'enceinte. Puis, nous avons listé le matériel d'investigation le plus efficace. Je me sens prêt à faire mon job.

Sur le terrain, les TE (tireurs d'élite) sont en place. Leur soutien fournit de précieux renseignements que je capte dans mon oreillette : tout semble calme et conforme aux prévisions. Les TE confirment qu'aucune activité ennemie n'est apparente.

Le chef de la mission chuchote dans le micro de sa radio pour solliciter le « vert action » au commandement qui suit l'opération grâce à un drone américain. Le but est de cueillir un petit groupe de talibans et de les saisir par surprise. L'assaut des bâtiments devrait se passer normalement, en « souplesse » et en toute discrétion, comme des félins. Si tout fonctionne, aucun coup de feu ne devrait briser le silence de la nuit.

Mes JVN (jumelles de vision nocturne) me permettent de distinguer les silhouettes de mes coéquipiers lourdement équipés. Je sais qu'ils sont vifs et rapides. Tous sont à l'affût, des chasseurs prêts à en découdre, « dans les starts », comme on dit. En cette saison d'hiver, les températures peuvent dégringoler bien en dessous de zéro. Mais les morsures du froid ne m'atteignent pas, sous la tension et la concentration, je transpire même légèrement.

Le « vert action » tombe. C'est parti, Gabriel et moi saisissons chacun une échelle. L'infiltration vers le mur d'enceinte est lancée. Quelques centaines de mètres sont à franchir. Plus questions de se poser, il faut agir comme prévu, presque par automatisme. Il y a cette foutue lune qui nous éclaire tel un phare. J'ai l'impression d'être aussi visible qu'un nez au milieu du visage. Si une sentinelle ennemie se pointe, elle ne manquera pas de nous repérer aussitôt, et cela ne fait aucun doute ! Afin de maintenir l'effet de surprise, et pour fondre nos silhouettes, nous exploitons les moindres zones d'ombre. Si jamais le mur est trop haut, nous devrons passer à un plan B. Au pied de l'enceinte : ça va le faire ! Nos estimations étaient bonnes. Gabriel, César, Pierre apposent les deux échelles et nous grimpons. Le reste de l'équipe lance alors la procédure. Sans mot dire, ils se déplacent en direction de la porte principale : chacun sait ce qu'il a à faire. Il leur reste à attendre que nous ouvrions la porte d'accès depuis l'intérieur.

Je me déhale le long d'un abri en torchis de l'autre côté de l'enceinte puis je foule le sol à pas feutrés en compagnie de César qui trimballe un coupe-boulon dans son dos. Il cisaille le cadenas de la porte. Moi, j'assure sa protection le temps de l'effraction. Mon cœur frappe ma poitrine à rompre. La pression est maximale car le moindre faux pas aurait des conséquences désastreuses. Le claquement sec du cadenas marque l'ouverture de la porte. Canon de fusil en avant, en un instant toute l'équipe s'engouffre dans l'enceinte. Je me dirige vers la zone à clarifier. Apercevant une petite lumière, je décide de relever ma JVN car le service des renseignements indiquait la présence possible de femmes et d'enfants. Je confirme l'info. Dans le bâtiment, des personnes dorment paisiblement : une femme, un enfant, et un homme dont le visage est orienté vers nous. L'individu a les yeux fermés et ne bouge pas. Je ne distingue pas d'arme.

Encore quelques pas et je serai sur lui. C'est alors que d'un seul coup, l'homme ouvre les yeux et se redresse. Il n'émet aucun son et, ébloui, reste paralysé de peur. Il ne discerne de nous que les lampes tactiques fixées au canon de nos armes. En afghan, je lui ordonne de mettre les mains en l'air. Il obtempère sans opposer de résistance.

Ce peu de dérangement finit par réveiller la femme et l'enfant. Ils ne bougent pas. En quelques secondes, les trois personnes sont menottées et isolées. La progression reprend. Un homme, situé à seulement une vingtaine de mètres de nous, dort comme un bébé ! Avec Vivien, nous lui tombons dessus et nous l'immobilisons. Puis, mètre après mètre, pièce après pièce, le groupe continue d'investiguer et arraisonne une dizaine d'hommes suspectés d'être des talibans. La fouille de la maison livre du matériel destiné à la conception d'IED (mines artisanales). Au final, aucun coup de feu n'a été tiré. Je ne dois toutefois pas me relâcher, la nuit n'est pas finie et l'ennemi peut encore frapper : la mission se termine seulement après notre retour à la base

177 FRANÇAIS AVAIENT PARTICIPÉ

Ma vocation pour l'armée a débuté en 1976 près du Havre. Enfant, les avions de chasse me passionnaient et je ne dérogeais jamais au défilé du 14 Juillet pour voir le cortège des unités de la Légion étrangère. J'imaginais leurs missions. Je recherchais des informations sur les unités des commandos de renseignement et d'action dans la profondeur (CRAP), l'équivalent des GCP d'aujourd'hui, (acronyme qu'ils conserveront jusqu'en 1999). La revue mensuelle *NAM*, spécialisée dans l'histoire de la guerre du Vietnam, affichait des photos de combats, expliquait les moyens d'extraction des unités spéciales. J'avais déniché des livres, comme *La Main coupée* de Blaise Cendrars, œuvre autobiographique dans laquelle il évoque son expérience de la guerre durant 14-18 ; *Opération Daguet*, d'Erwan Bergot, qui relate les faits des soldats de l'Armée française sous la chaleur du désert koweïtien, et la conquête du territoire face à une armée irakienne déterminée et prête à repousser les forces de la coalition.

Je me suis intéressé au débarquement en Normandie au travers du film *Le Jour le plus long*, auquel Philippe Kieffer avait participé comme conseiller militaire. 177 Français avaient pris part à cette aventure. L'armée me passionnait, même si je ne connaissais pas les commandos marine.

Dans ma famille, le goût pour les sports était omniprésent. À 2 ans, mes grands-parents maternels, qui possédaient un appartement à Pra-Loup dans les Alpes du Sud, me donnèrent mes premières leçons de ski. Le soir, je refusais catégoriquement de délaisser les pistes et je m'acharnais à enchaîner les descentes, qu'elles soient vertes, bleues, rouges ou noires. Je me devais de toutes les dévaler, même avec perte et fracas.

Pendant les vacances d'hiver et d'été à la montagne, les adultes gravissaient les GR des Alpes (chemin de grande randonnée), et j'en profitais pour réaliser des allers-retours entre eux. Dans la station, inscrit aux *Jeunes Loups*, je pratiquais escalade, rafting, canyoning, hydro-speed, etc. Un jour, nous avions quitté de nuit un refuge et atteint, après deux jours de marche, le sommet d'un pic rocheux encore couvert de quelques plaques neiges pour observer un splendide lever de soleil. À 10 ans, je venais de vivre une expérience que je ne retrouverais que de nombreuses années plus tard dans les montagnes afghanes, mais avec un équipement spécialisé très différent.

RÉSULTATS SCOLAIRES EN CHUTE LIBRE

Dans le Sud-Ouest, j'eus le privilège de vivre près de l'océan Atlantique, non loin de Lacanau, du Porge et de Carcan. J'étais aussi très attiré par ce milieu naturel qui regorgeait d'histoires de pirates, de corsaires, de trésors, de batailles navales et de naufragés… Plonger, jouer dans les vagues… (à cette époque je ne savais pas encore nager). Mais solidement accroché au cou de mon père, nous allions loin du bord de la plage, ce qui me grisait.

Au lycée, j'ai effectué mes premières plongées subaquatiques en bouteilles sous la direction d'un professeur de sport. Nous répétions inlassablement des gestes techniques pour gérer notre stress et contrôler nos propres réactions en situation pour nous « extrêmes ». Cette formation fut une aubaine qui me permit de découvrir les milieux sous-marins.

Mes résultats scolaires étant en chute libre, je fus envoyé en pensionnat non loin de Rouen, alors que je résidais à Bordeaux. Le dortoir comptait une cinquantaine de jeunes ados qui, pour certains, avaient quelques petits problèmes avec l'hygiène corporelle : bonjour l'odeur ! L'eau chaude était un gros problème dans les salles de bains, de même pour le chauffage. Cinquante litres d'eau chaude pour tout le monde. J'ai vite pris l'habitude de me doucher à l'eau froide. Suite à mon échec au brevet des collèges, la conseillère d'orientation me fit comprendre que je n'étais pas fait pour les études. Un scoop ! Ma mère me révélera quelques années plus tard (j'étais à cette époque entré au commando de Montfort) qu'elle avait eu peur pour moi, craignant que je prenne de mauvaises décisions, et que j'emprunte des chemins qui risquaient de me diriger vers un côté obscur de la vie.

À 16 ans, je me suis rendu en Corse pour y effectuer un stage de plongée. Dans la région de L'Île-Rousse, j'ai pu évoluer dans des fonds marins aux eaux chaudes et limpides. Nous étions une vingtaine de jeunes et nos journées se partageaient entre plongées, randonnées, matchs de beach-volley. Je ne sais pas si ce séjour m'aura servi pour mes futurs stages commandos, mais j'avais à cœur d'être et de rester toujours en tête du groupe, sans nécessairement chercher à briller, mais plus pour éprouver mes limites personnelles.

J'entamais alors une formation au lycée des Métiers de la mer de Gujan-Mestras pour décrocher un BEP. Dans ce cursus, il y avait des matières qui me serviraient plus tard, notamment les cours de navigation. Durant ces deux années, je me suis confronté à la mer, qu'il vente, qu'il pleuve, ou qu'il neige. Nous avions les pieds et les bras dans l'eau, et notre équipement se résumait à des cuissardes ou des bottes, et un ciré de marin. Par choix (j'avais échoué à mon BEP), j'ai fait une année de « rab », au grand dam de mes professeurs qui ne m'appréciaient pas vraiment, et je dois dire que je le leur rendais bien.

UNE DÉCISION IRRÉVOCABLE

À la fin de cette troisième année, les choses ont basculé. Un ami, Gregory, me dit : « J'en ai marre, je voudrais devancer l'appel du service national. Cet après-midi, je sèche les cours pour me rendre dans un bureau de recrutement de la Marine, tu viens ? » Je l'ai accompagné à la base, et ce fut une révélation ! Mon ami repartit les mains vides. Moi, en revanche, je me retrouvais avec une pile de documents. Ma décision était irrévocable : m'engager et devenir fusilier marin.

Après les tests, toujours en secret, j'ai reçu ma convocation et un billet de train pour me rendre à Querqueville. J'entrais dans la Marine nationale. C'est alors que j'ai ouvertement annoncé cette décision à ma mère : « Ce 8 janvier, je monte à Querqueville pour m'engager dans la Marine. » Quelques secondes de réflexion plus tard, elle me demanda si ma décision était ferme. C'est alors que je lui ai expliqué toutes mes démarches qui avaient duré presque une année. Elle me dit alors : « OK, si c'est ce que tu veux ! » Le 9 janvier 1996, je me retrouvais en Normandie pour signer mon premier contrat d'engagement pour une durée de trois ans.

À Querqueville, lors de ma visite médicale, le médecin militaire décela une petite anomalie au niveau d'une de mes vertèbres : « Vous êtes inapte TAP ! » J'ai alors rétorqué que je ne savais pas ce que cela signifiait, et il me répondit : « Vous ne pourrez jamais être parachutiste ! » Je ressortis de son bureau apte pour les FUS (acronyme des fusiliers marins). Deux mois plus tard, je pris la direction de Lorient pour rejoindre l'École des fusiliers marins. À l'École des FUS ou des « flingues » (comme certains disent), c'est une autre histoire. En Bretagne, les instructeurs étaient froids comme des portes de prison. Le premier jour, les novices débutant le BE FUS (brevet élémentaire fusilier marin), étaient de jeunes recrues aux grades de matelot de 2e ou de 1re classe. Il y avait aussi des gars plus expérimentés venus achever leur service militaire pour s'engager. Ces derniers avaient un bon coup d'avance sur nous.

Les instructeurs étaient des hommes charismatiques aux gueules d'acier. En uniforme de sortie (tenue bleue), ils firent une entrée quasi théâtrale en arborant médailles, fourragère de l'école, insignes de brevet (para ou autre) et autres récompenses. Après le discours de bienvenue du directeur du BE, un des instructeurs lança : « Qui est volontaire commando ? » La majorité des gars leva la main. Sans savoir de quoi il en retournait, c'est avec un léger décalage temps que je levais la mienne. Le BE durera quatre mois. Ces instructeurs allaient faire de nous des combattants. Mais il faudra une sélection drastique pour se lancer dans l'épreuve du stage commando.

La plupart de mes camarades ne tarissaient pas d'adjectifs élogieux au sujet des commandos marine. Cela finit par titiller ma curiosité. Nous passions progressivement du statut de jeunes matelots sans expérience à celui de jeunes fusiliers cherchant à parfaire leurs acquis en armes, en topo, etc. Mais le nombre de volontaires aux épreuves de sélection du stage co diminuait. Je me préparais en vue des évaluations. Niveau physique, j'étais dans la moyenne ; en course à pied, même si je ne « pétais » pas des records, je me sentais plutôt bien. En revanche, je pêchais sur les tractions. C'était un exercice pour lequel je savais ne pas avoir une grande compétence. Aussi, je mettais à profit le temps qu'il me restait avant l'échéance des tests, pour progresser. Entre-temps, je ne sais pas comment, mais j'étais devenu apte pour le para.

« SI ÇA NE RENTRE PAS DANS TA TÊTE, L'INSTRUCTEUR VA TE LE FAIRE RENTRER, FAIS-MOI CONFIANCE… »

À la fin du BE, je finissais en milieu de tableau. Côté physique, j'avais obtenu des notes correctes, mais au niveau des contrôles dans les différentes matières, mes lacunes m'avaient rattrapé. Je passais les épreuves, mais sans les honneurs. Au stage commando BE (niveau opérateur), les hommes sont essentiellement testés et évalués sur leurs qualités physiques et sur leur résistance psychologique. Il y a évidemment les aspects techniques, mais les instructeurs ont une façon spécifique pour mener les apprentissages. La marteau-thérapie : si ça ne rentre pas dans ta tête, l'instructeur va te le faire rentrer, fais-moi confiance…

Les évaluations du stage co étant terminées, notre capitaine nous remit entre les mains de nouveaux instructeurs : « Les gars, ce que vous allez vivre maintenant va être très difficile. Mais rappelez-vous que si vous êtes là aujourd'hui, c'est que vous avez ce qu'il faut pour aller jusqu'au bout. Alors ne lâchez rien et bon courage pour la suite. On se reverra avec le *green* sur la tête. » C'est au pas de course que nous avons rejoint le bâtiment du stage co. Le stage débuta sous le n° 94. Je dirais que nous étions un peu plus de quatre-vingts personnes dans les rangs : environ la moitié de l'effectif se composait d'élèves avec qui je venais de terminer le BE. L'autre moitié était des marins issus de compagnies de fusiliers marins. C'étaient des volontaires qui revenaient pour leur seconde fois. Je commençais à penser : « Ne te laisse pas impressionner, fais ton truc du mieux que tu peux, serre les dents, ça passe ou ça casse ! »

C'est dans un bruit de grincement que le volet roulant de la salle des instructeurs s'ouvrit. Dans la cour, au garde-à-vous, les instructeurs se placèrent face à nous. D'un claquement de doigts, ils nous mirent une énorme pression : « Caisses ! Pagaies ! Boulets ! C'est parti ! » Il fallait courir en suivant un circuit, et ce, dans les plus brefs délais. Je ne sais pas combien de fois nous avons recommencé l'exercice, mais ce dont je suis certain, c'est que physiquement je n'étais plus qu'une immense douleur. Durant quarante-huit heures, je crois que nous n'avons pas dormi, nous n'avalions que peu de nourriture et ce, tellement rapidement que se nourrir n'était qu'une nécessité et certainement pas un plaisir. Déjà les premiers abandons. D'instinct, j'adoptais la technique des petits pas. Elle consiste à se fixer de petits objectifs rapprochés dans le temps et de les atteindre, c'est bon pour la motivation.

Mes trois premières semaines se sont « bien » passées, je n'étais pas blessé. Je franchissais les parcours jungle, commando et assaut systématiquement dans les limites des temps impartis. Une fois à la fin du parcours assaut, comme il est de coutume, un des instructeurs me demanda de vider ma musette pour confirmer le poids minimum requis pour l'épreuve. Il procéda à l'ultime vérification, celle de la gourde pleine (remplie à 100 %), et constata qu'il manquait, selon lui, un ou deux centilitres d'eau : « Tu as triché ! Alors tu as deux solutions : un, tu as zéro à ce parcours, et c'est éliminatoire, et tu dégages ! deux, tu remplis ta putain de gourde et tu recommences ! Tu choisis quoi ? » Avec un premier parcours dans les jambes durant lequel j'avais tout donné, je décidais de ne pas lâcher l'affaire. « Alors prends ton barda et retourne au point de départ. Tu passeras en dernier ! » Ce jour-là, je me suis tapé deux fois ce foutu parcours, pour seulement 2 cl d'eau. Au bout de ma peine, l'instructeur dit : « Dorénavant, tu recommenceras tous tes parcours deux fois !

– Oui, Premier maître !

– Tu veux savoir pourquoi ?

– Oui, Premier maître !

– Ben tu as fait un meilleur temps sur le second tour que sur le premier ! Rejoins les autres !

– Bien, Premier maître. »

Retrouvant le groupe, tout le monde me demanda si ça allait, et quand je leur ai raconté cette aventure, nous avons tous bien rigolé. À la fin des trois premières semaines du stage co, j'étais couvert de plaies.

La quatrième semaine, je commençais à ressentir une sérieuse diminution de mes capacités physiques, ce qui, de plus, influait sur mes discernements. Je me voyais comme une entité perdue au milieu de bien d'autres, avec l'impression d'être le seul à ne pas comprendre les ordres. Je rêvais que j'essayais de me placer au niveau du groupe, alors que je me traînais lamentablement sans pouvoir le rattraper. Je devenais en plus un poids inutile. Pourtant j'insistais, je devais impérativement continuer d'avancer, coûte que coûte.

En réalité, les instructeurs avaient repéré que je commençais à flancher. Ne pouvant admettre dans le groupe un gars en état de faiblesse, je sentais que les mailles du filet se refermaient sur moi. J'étais encore dans la course, mais pour combien de temps ? Il fallait me ressaisir ! L'abandon ne faisait pas partie de mes options possibles, c'était hors de question. Une nuit, tous épuisés, nous réalisions un parcours assaut en binôme. Au franchissement d'un portique sous une pluie battante, mes doigts glissèrent le long de la corde détrempée. Je disparus au pied de l'obstacle, tombant la tête la première sur un amas de blocs de béton là où, d'habitude, personne ne se vautre. À moitié sonné, je réussis à me relever. L'instructeur avait dû m'imaginer mort, et de nous deux, je ne sais pas qui eut le plus peur. Reprenant mes esprits, l'instructeur ausculta mes mains. Deux doigts mis à vif n'avaient plus d'épiderme. « M » me dit : « Tu fais quoi ? t'abandonnes ? » Mon corps me disait : « Stop, ça suffit ! » Je relevai la tête sachant qu'il nous restait encore des obstacles à franchir. Je répondis : « Non, je termine. » En clopinant, j'ai repris ma progression, toujours en tactique avec mon binôme.

Arrivés au niveau de la fameuse cuve qui signalait la fin du parcours assaut, nous nous sommes retrouvés sur son bord. Il s'agissait de nous propulser en avant pour nous enrouler avec bras et jambes autour d'un haut mât tubulaire accroché par le haut et pendulant légèrement : « l'asperge ». Puis, nous laissant glisser vers le bas, nous devions plonger dans une eau immonde plus propice à diffuser des infections. Juste avant de me jeter sur l'asperge, l'instructeur hurla : « Stop ! tu n'y vas pas. » Il savait que mes mains ne supporteraient plus les frottements contre le métal. Il décida que c'était suffisant pour aujourd'hui. Au petit matin, il inspecta mes doigts : « T'as une heure pour aller à l'infirmerie. Si dans une heure tu n'es pas là, c'est terminé pour toi ! » J'ai cavalé jusqu'à l'infirmerie. J'y ai déboulé en gueulant pour que quelqu'un vienne le plus rapidement possible me faire les soins d'urgence. Avant la fin du délai imparti, j'étais de retour dans les rangs. Mes doigts ont tenu le coup et, malgré la douleur et le handicap, j'ai continué les épreuves.

Quelques jours plus tard, venant de terminer un parcours de tir au fusil à pompe, un instructeur m'ordonna de le suivre. Je dus courir après lui à son rythme. Alors qu'il me posait quelques questions sur l'emploi d'armes, tout d'un coup, il modifia sa direction de course et passa en premier dans un passage se rétrécissant en entonnoir. Suivant son initiative, je me sentis soudain basculé en arrière et jeté à plat dos sur le sol. Trois personnes se jetèrent sur moi, me rouant de coups. Le combat était inégal, ce qui rendait toute lutte inutile. Roulé en boule, j'encaissais au mieux les coups sans broncher, cherchant à protéger tout ce que je pouvais. Mon parcours évasion venait de débuter !

Tous les stagiaires furent capturés. Les instructeurs nous enfermèrent dans une geôle, les mains ligotées, et un sac de toile sur la tête. J'essayais tant bien que mal d'analyser la suite, jusqu'à ce que l'un d'entre nous dise : « Les gars, j'arrive à me libérer ! » Quelques minutes plus tard, nous étions tous les mains libres, mais toujours pris au piège. L'unique porte d'entrée n'avait pas de serrure, mais était bloquée par une barre de métal extérieure. Au moment où quelqu'un ouvrirait la porte, c'est avec

14 OPÉRATEURS
DE L'ENFANCE À L'EXCELLENCE

SCOUB

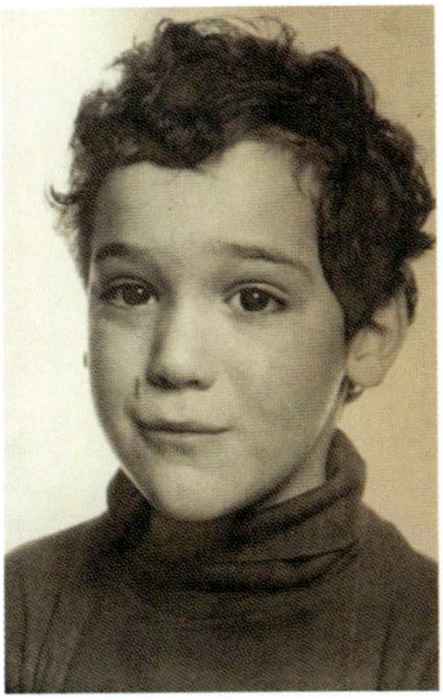

Moi enfant.

Saut G9, Djibouti 2013.

Légion d'honneur 2018.

Entraînement au tir haute précision.

Avec mon binôme dans la cour du 36.

Raid nautique ETRACO.

TATIANA

En pleine négociation – Raid.

Enfant, en vacances à Paris.

Remise du Béret vert.

En Afrique de l'ouest.

GASPARD

À bord d'un Cougar.

Vol au-dessus du Mali.

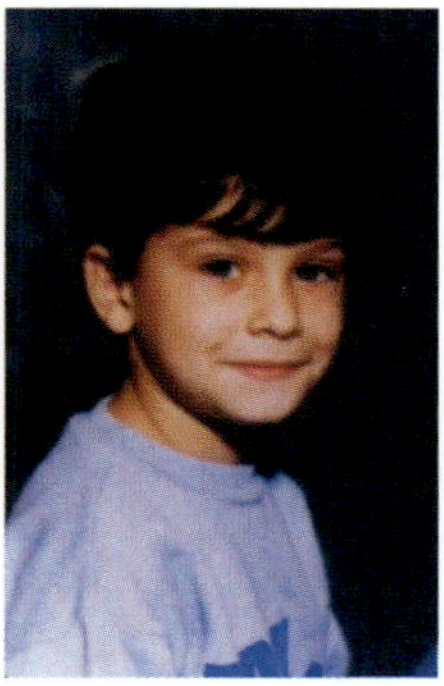

Mission dans le Sahel.

Démonstration des techniques d'interventions opérationnelles rapprochées.

JULIEN

Très jeune j'avais déjà
le goût de l'aventure.

Fin d'une mission en Afghanistan après des accrochages violents contre les Talibans qui avaient tenté de s'imbriquer entre nos équipes.

Séance d'entraînement à Lorient.

Visite prévol.

Départ en vol.

Clap de fin.

Pendant mes études, au ski.

Remise de décoration.

Soins au chien du Commando Arta à Djibouti avec l'aide de l'infirmier et d'un Commando.

Démonstration au tir de précision – GIGN.

Reconversion à la préparation mentale.

ROMAIN

Avec ma mère en Afrique.

En mission de protection, Niger-Lybie.

En mission d'infiltration au Mali.

En Afghanistan.

Après une session de plongée.

JULIA

Enfant, je m'imaginais en future humanitaire.

Tir en situation.

Travail en binôme avec le bouclier.

un effet de surprise que nous pousserions cette foutue porte. C'était notre parcours évasion, et il n'y avait plus qu'à patienter. Par un petit trou, nous avons vu s'approcher deux instructeurs. Puis nous avons poussé aussi violemment que possible.

Si cette tentative a réussi, j'ai été parmi les premiers stagiaires recapturés. Ma belle évasion fut de courte durée. Près de la moitié de tout l'effectif fut rattrapée. Puis les instructeurs décidèrent de stopper l'exercice. Trop d'élèves étaient dans la nature. L'un d'eux avait même réussi à retourner à son domicile pour prendre une bonne douche et un bon repas. Il fut récupéré au petit matin.

Le stage co comprend une épreuve de marche de 30 km avec, sur le dos, un sac de 11 kg, (soulevé au peson, il vaut mieux avoir 100 ou 200 g en trop, sinon l'instructeur rajoute une pierre pour compenser). La durée limite de l'épreuve est de cinq heures. Avec treillis, rangers, et FAMAS, nous sommes sur le départ. Le groupe soudé commença à se clairsemer vers les 12 km. Un instructeur nous dit qu'un compagnon venait d'abandonner. Nous n'étions plus que quatorze. Le chronomètre tournait, et je n'étais pas trop mal. Je me fixais toujours de petits objectifs. Le soleil était torride, et je souffrais du dos. Au 25e km, les instructeurs nous arrêtèrent : « Posez un cul ! buvez un coup ! Deux de vos camarades viennent d'abandonner et l'ambulance est pleine, nous sommes dans l'obligation d'arrêter l'épreuve ! »

Nous n'étions plus que douze, ayant « gratté » 5 km sur les 30, Malheureusement, quelques jours plus tard, nous avons dû réitérer la marche de 30 km. Pas de cadeau ! Les instructeurs nous ont placés dans un champ en nous ordonnant de dormir. Une heure et demie après, un instructeur se pointa en criant : « Dans une demi-heure, départ ! » et ce, en nous jetant une boîte de ration pour deux. J'ai englouti tout ce que je pouvais et fourré dans mes poches une ou deux barres de céréales. Aux premières lueurs du jour, nous étions douze qui avions décidé de rester unis en formant un groupe cohérent. Les plus forts aidèrent ceux qui n'avaient plus d'eau. Nous étions douze au départ, nous étions douze à l'arrivée.

Le soir, le chef de cours (instructeur en chef) nous donna les instructions pour la soirée : « OK ! vous avez tout donné aujourd'hui. Demain, c'est le grand jour, alors vous dormirez en chambre. Il ne faut pas qu'à la remise des bérets dans les rangs, l'un de vous fasse un malaise. Mangez à la rampe, et préparez vos tenues pour la cérémonie. Vous pouvez aussi aller au foyer, mais à 21 heures, tous en chambre. Rompez ! » Un de mes compagnons me réveilla. Dans le couloir, on percevait la voix de notre pistard (élève désigné par les instructeurs, effectuant la liaison entre les instructeurs et les élèves) : « Les gars, on se rassemble ! » On venait d'observer un manège bizarre : les instructeurs étaient censés rentrer chez eux ce soir et ne gagner la base que le lendemain matin. Or leurs véhicules stationnaient encore dans leur parking réservé. Chacun de nous anticipa et on se recoucha habillés, « le matos prêt », au cas où !

Soudain, une alarme retentit suivie d'un cri : « Stage commando 94, rassemblement ! » C'est là que le commandant du stage, avec tous les instructeurs, releva le fameux store qui grinçait : « Vous pensiez que c'était terminé ?

Cela ne le sera que lorsque vous aurez le béret vert sur la tête. Vous vous souvenez du parcours évasion ? Certains d'entre vous ont cru bon de s'évader et nous avions dû interrompre cet exercice. Donc ce soir, nous le reprenons ! Aux ordres des instructeurs ! » Encore une nuit à ne pas dormir. Le lendemain, il y avait douze stagiaires dans les rangs, et j'y étais, et tous étaient prêts à recevoir le fameux béret vert. Mon numéro de badge était le 7411.

« UNE MISSION SE PRÉPARE, TU EN SERAS. »

À Pau, à l'ETAP (École des troupes aéroportées), nous avons appris à sauter d'un avion. De retour à Lorient, j'attendais mon affectation. Les commandos avaient la réputation de réserver un accueil musclé aux nouveaux embarqués (« embarqué » désigne les nouveaux arrivants), pour symboliser la rupture. Il fallait faire ses preuves encore une fois en prouvant notre attachement. Le capitaine d'arme de la base m'annonça mon affectation ce lundi matin de septembre : « Commando de Montfort ! » Ce dernier avait la réputation d'être le plus dur. Mes premiers mots furent : « Merde, ça continue ! »

Le commando de Montfort rentrait d'une mission de six mois à Djibouti. L'unité entière en permission reprenait des entraînements intensifs. J'ai gagné l'escouade appui/raid destinée à l'appui des groupes d'assaut et de renseignement. Je décidais d'être volontaire à la moindre occasion et cherchais les moindres conseils avisés. J'écoutais avec attention les briefings ainsi que les débriefings pour être au courant de toutes les choses à faire ou à ne pas faire.

Plusieurs mois après mon arrivé en commando, un de mes seconds maîtres m'annonça : « Une mission se prépare, tu en seras. J'ai bataillé pour que tu sois sur le listing des partants parce que je pense que tu as le niveau. Ne me déçois pas ! » Je réalisais alors que j'avais trouvé ma place.

Puis, en 1999, retournant à l'école des fusiliers marin pour un cours qui risquait de remettre en jeu mon béret vert à l'issue, je me suis retrouvé dans le commando Trépel.

En 2006, avec mon goût pour l'investigation, je tentais des tests pour intégrer le groupe de contre-terrorisme et libération d'otages et commençais la formation d'opérateur CTLO pour une durée d'un an. J'y suis resté jusqu'à la fin de ma carrière, fin 2017, avec une petite parenthèse de presque deux ans (2012-2013) comme instructeur au stage commando.

Focus

LA GESTION DU STRESS CHEZ LES OPÉRATIONNELS

Par Ismaël, préparateur mental

Le stress est un processus qui entraîne la perception d'un déséquilibre important entre une demande environnementale et des capacités à y faire face. Par conséquent, nous ne sommes pas tous égaux face au stress ! Le stress va dépendre uniquement de votre perception face à l'élément stressant. Comment y faire face ?

Il s'agit d'abord d'apprendre à le connaître et à l'apprivoiser… Nous pouvons structurer en quatre grandes catégories les facteurs de stress auxquels les forces spéciales et unités d'élites, entre autres, peuvent être confrontées :

1/Les demandes environnementales

- contraintes météorologiques ;
- charges additionnelles ;
- équipements, matériels ;
- conditions d'entraînement et de mission.

2/Les contraintes liées à l'effort

- blessures ;
- douleurs physiques ;
- fatigue ;
- difficultés de concentration.

3/L'atteinte d'un résultat

- pression du résultat (notamment lors d'une formation ou mission) ;
- crainte de l'échec (en particulier lors des concours et stage) ;
- statut de leader, chef de groupe.

4/Les difficultés techniques

- niveau d'efficacité personnelle sur des habiletés à réaliser ;
- erreurs techniques commises.

Le stress, lorsqu'il est adapté, va vous permettre d'être optimal, sur le plan physique et psychologique, lors des situations d'urgence (mission, enjeu vital) ou d'évaluation (ex : stage commando, RAID, GIGN, etc..).

À l'inverse, le stress peut avoir des effets néfastes pour soi et son équipe.

Quelques exemples des effets « négatifs » du stress sur les performances opérationnelles :

- diminution de la vision périphérique ;
- traitement de l'information altéré ou non pertinent : diminution de la performance et risque de blessure ;
- perturbation de la coordination motrice et du relâchement musculaire ;
- répétitions de situations stressantes : coût physique et psychique important qui peut aller jusqu'à l'épuisement.

Pour en réduire les effets, les opérateurs ont pour habitude de s'entraîner, individuellement et en groupe, en répétant des méthodes d'entraînement « mécanique » (le bon geste, la bonne technique et tactique dans différentes situations).

Ce que l'on appelle, dans le langage militaire : « le drill ».

TÉMOIGNAGE 8

MARION, PILOTE DE CHASSE

« Êtes-vous apte MASA ? »

Certaines phrases vous indiquent immédiatement que la suite de la journée ne se déroulera pas tout à fait comme prévu…

La mission du jour devait pourtant être sans surprise : il s'agissait d'une navigation en basse altitude suivant un programme assez basique confié aux élèves pilotes. L'objectif du moment était de vérifier l'aptitude à instruire d'un de mes collègues, nouvellement affecté à l'unité de l'école de chasse de Tours.

L'Armée de l'air et de l'espace est responsable d'assurer la protection de l'espace aérien français. Elle est également en charge de porter assistance aux aéronefs qui pourraient rencontrer des difficultés. Ainsi, la plupart des pilotes de chasse suivent un entraînement particulier afin de pouvoir exécuter des manœuvres aériennes spécifiques permettant de « rechercher l'identité d'un aéronef, d'observer son comportement, de lui porter assistance ou de lui faire appliquer une obligation, une restriction ou une interdiction, de l'avertir (tir de semonce), voire de le détruire, sur ordre du Premier ministre, si l'aéronef est classifié “hostile” ». En gros, d'assurer la sécurité de notre ciel. Ces manœuvres sont regroupées sous l'appellation de MASA (« mesures actives de sûreté aériennes »). Parfois, leur utilisation est inscrite dans le cadre de la formation initiale ou du maintien de compétence : nous le savons en amont.

Mais lorsque « MASA » résonne sans préliminaire dans l'habitacle, quelque chose d'inhabituel se passe et l'adrénaline réveille immédiatement toutes nos aptitudes d'action rapide. Nous décollons sans attendre, concentrés, réactifs, prêts à découvrir l'origine et les conséquences du « task ».

Une fois dans le ciel, nous sommes immédiatement pris en charge par un contrôleur de défense aérienne. Ces contrôleurs disposent d'un entraînement et d'une qualification particulière qui leur permettent de guider des interceptions et de contrôler des missions de combat. Le contrôleur nous dévoile la nature de notre mission : nous devons immédiatement porter assistance à un ULM bloqué au-dessus d'une couche de nuage uniforme et qui ne réussit plus à retrouver la vue du sol.

La mission s'annonce complexe pour plusieurs raisons : tout d'abord, nous devons visualiser rapidement, au-dessus d'une mer de nuages, un petit avion blanc. Sans surprise, l'absence de contrastes rend la reconnaissance délicate et incertaine. Si lors du premier passage en zone nous ne réussissons pas à le rassembler, la différence dans les trajectoires des vols rendra la reconnaissance plus délicate (en effet, un ULM tourne dans un volume plus restreint qu'un avion de chasse).

Par chance, nous parvenons assez rapidement à distinguer l'ULM de façon à pouvoir gérer notre trajectoire correctement et venir nous placer à proximité. Ceci n'est pas forcément évident quand on évolue avec des vitesses de rapprochement de l'ordre de 750 km/h. En effet, la vitesse de l'ULM est de 175 km/h, soit environ 5 à 10 km/h de plus que la vitesse de décrochage de l'Alphajet.

La vitesse de décrochage correspond à la vitesse minimale nécessaire pour que l'avion vole. L'Alphajet est habituellement utilisé à 780 km/h en basse altitude, et jamais en dessous de 600 km/h afin de permettre au pilote d'effectuer les manœuvres nécessaires au rallumage du moteur en cas d'extinction. Ainsi, la deuxième difficulté consiste à maintenir notre position à proximité d'un appareil aussi lent.

Heureusement, nous sommes deux instructeurs expérimentés sur la machine : mon collègue assis à l'avant s'occupe de tenir sa place par rapport à l'ULM. Cela lui demande une concentration intense afin d'éviter le décrochage. Je dois m'occuper de la navigation et des communications radio. Une fois rassemblés, il nous faut trouver la meilleure option pour ramener l'avion et son équipage sur un terrain accessible. La traversée d'une couche de nuages est un exercice difficile qui demande un entraînement particulier que n'a pas suivi le pilote de l'ULM : s'il ne suit pas ses instruments et panique, l'issue peut être fatale. Un dialogue rassurant et le plus serein possible de notre part s'engage alors avec l'équipage de l'ULM. De nouvelles difficultés s'ajoutent quant à l'autonomie incertaine de carburant de l'ULM et à la mauvaise météo des aérodromes environnants annoncée par les contrôleurs civils et militaires.

Nous décidons d'aller à Cherbourg. Cela rallonge fortement la navigation depuis Deauville mais l'atterrissage en vol à vue y est possible. Il n'est pas aisé de connaître notre position au-dessus des nuages sans GPS, car nous n'en avions pas ce jour ! En effet, l'objectif de la mission était d'effectuer la navigation uniquement à l'aide de la carte et de repères au sol.

Mon collègue a une idée lumineuse : il me suggère de tenter d'utiliser Google Maps sur mon portable ! Par chance, la couverture réseau est juste suffisante pour nous délester de la gestion de la trajectoire et ainsi nous permettre d'assister l'ULM afin qu'il maintienne sa position par rapport à nous. Nous pouvons ainsi l'aider à réaliser son approche sur le terrain de Cherbourg de façon plus sereine.

Après un survol à l'aveugle au-dessus des Côtes de Grâce et d'Albâtre, le pilote posera l'ULM et son équipage à Cherbourg sans avoir profité de la beauté du paysage mais cependant, soulagé. Nous rentrerons à Tours après ce sauvetage impromptu avec juste le carburant nécessaire, l'adrénaline redescendue et déjà prêts à reprogrammer notre mission initiale.

Les pilotes de défense aérienne qui assurent la permanence opérationnelle sont amenés à gérer quotidiennement ce type de mission. Pour nous, cette responsabilité de devoir porter assistance à un autre pilote est plutôt inhabituelle, faisant ainsi appel aux aptitudes les plus essentielles de ce métier, selon moi, et que j'ai exercées avec passion : l'adaptabilité, la réactivité et la bonne gestion du travail d'équipe.

PAS DÉCOURAGÉE, J'AI DÉCIDÉ D'ENCHAÎNER DES PETITS BOULOTS

Mais comment suis-je arrivée à vivre ces moments intenses et peu communs ?

Longtemps, j'ai cru qu'il n'y avait pas de militaire dans ma famille. Mais un jour, alors que j'étais déjà engagée depuis au moins dix ans au sein de l'armée, ma grand-mère paternelle m'a montré des décorations ayant appartenu à mon grand-père. Il avait rejoint les rangs de la Marine nationale pour partir en Indochine. Si je n'ai donc subi d'influence familiale pour rejoindre l'Armée de l'air, j'ai alors compris pourquoi mon grand-père était si fier de mon choix, même si ce que j'ai pu vivre pendant mes années de service n'avait probablement pas grand-chose à voir avec ce qu'il avait vu là-bas. Nous étions reliés par un engagement à la nation, une foi dans le choix de notre action pour servir et être utile aux autres.

Cette aspiration s'est dessinée progressivement, presque par hasard : enfant et adolescente, j'étais passionnée par le fonctionnement du corps humain, j'adorais la biologie et je dévorais les séries médicales. Aussi, pendant très longtemps, il était à peu près acquis que je tenterais de faire médecine.

Mais il y a eu un événement qui a chamboulé cette voie qui semblait évidente pour tous : les portes ouvertes organisées sur l'aérodrome de Toulouse-Lasbordes à côté de chez moi.

Mon papa m'y a emmenée pour m'offrir, pour mes 13 ans, mon baptême de l'air. Je me souviens parfaitement de ce moment : installée à l'avant de l'appareil, le pilote m'a laissé les commandes. J'ai immédiatement adoré la sensation que procurent le décollage puis le vol et la complexité associée à la gestion des paramètres de vol, dont certains sont en interrelation. Vous poussez sur le manche, la vitesse augmente. Vous inclinez les ailes, le nez part à l'opposé. Cela demande une intense concentration afin d'observer et de gérer l'évolution de tous ces paramètres que je découvrais. Comme je jouais beaucoup aux jeux vidéo à cette époque, je pense que cette distraction m'avait déjà permis de stimuler mes capacités de division d'attention.

Aussitôt après l'atterrissage, l'envie d'apprendre à piloter s'est imposée. Après m'être renseignée très vite, j'ai compris que cette envie représentait un budget conséquent pour ma famille. Pas découragée, j'ai décidé d'enchaîner des petits boulots accessibles pour mon âge : j'ai fait la plonge dans un restaurant, les vendanges, du baby-sitting, donné des cours de math, ramassé de fruits, et épargné mes Noëls et mes anniversaires… toutes ces tâches me rapprochaient de ces ailes que j'observais avec envie. Lorsque j'ai eu l'âge minimum pour voler, j'avais mis assez d'argent de côté pour pouvoir démarrer la formation en vol. Mes parents, eux, m'offraient l'inscription à l'aéro-club et les manuels nécessaires à l'apprentissage de la théorie. Le rêve a alors commencé à rejoindre ma réalité ! Et pourquoi n'en ferais-je pas mon métier ?

Plutôt bonne élève, j'adorais particulièrement les sciences, les langues et l'histoire-géographie. Malgré mes bons résultats (sauf en orthographe), certains de mes professeurs et des personnes en charge de mon orientation me répétaient que la voie que j'avais choisie était particulièrement difficile. Cela a été assez pénible, parfois décourageant, d'entendre ces réflexions (venant la plupart du temps de personnes qui ne possèdent aucune réelle connaissance de ce métier) durant une grande partie de mon parcours scolaire. Mais j'ai gardé le cap, nourrie par ma passion et la joie que me procurait chaque heure passée à voler.

Je trouve important de souligner ce point particulier : l'importance de se « prémunir » de certains conseils, avis, freins, portés par notre entourage qui, souvent pour nous protéger face à une déception possible, tue le germe d'une passion avant toute audace. Si j'ai eu la force de faire fi de ces nombreux contre-avis, je pense que je la dois à mon cursus scolaire en horaires aménagés au conservatoire de Toulouse. Ce parcours équivaut à un « sport-étude musical ». Je pense que ce double apprentissage m'a apporté une rigueur, un goût de l'effort mais surtout l'acceptation de l'échec. En effet, le fait d'être évaluée régulièrement lors des examens crée une certaine habituation au stress mais aussi apprend très vite à mieux appréhender et relativiser les enjeux en situation de test.

Ainsi, il me semble assez important de montrer que la réussite dans des carrières atypiques est souvent plus le fruit d'un travail assidu et d'une trajectoire de vie plus ou moins pilotée, plutôt que l'expression de qualités qui seraient hors norme.

COMME DISENT LES MILITAIRES, TOUT CE QUI N'AVANCE PAS RECULE

À partir du moment où j'ai appris à piloter, je me suis mise à réfléchir sur la suite à donner à mon parcours professionnel. Mon cœur balançait entre tenter la fac de médecine ou suivre un cursus pour devenir pilote professionnelle. Face aux limites d'âge pour entrer en formation il y a vingt ans, j'ai décidé de tenter la filière aéronautique en amont et, si cela ne fonctionnait guère, de devenir médecin. Plusieurs pistes m'intéressaient : pilote de ligne (en suivant le cursus de l'ENAC ou la filière professionnelle) ou l'armée. Mon instructeur à l'aéro-club était un ancien pilote d'hélicoptère à la retraite. C'est lui qui m'a initiée au milieu militaire. Cela m'a plu. Au départ, je souhaitais devenir pilote de transport ou d'hélicoptère car la filière chasse n'était pas ouverte aux femmes. Mais l'Armée de l'air a commencé à communiquer sur Caroline Aigle qui était alors présentée comme la première femme pilote de chasse. J'ai appris bien après que l'Histoire a une certaine tendance à l'oubli, et que les premières femmes pilotes ont été intégrées après la Deuxième Guerre mondiale sur une initiative du général de Gaulle et ont été brevetées en 1946. Il me semble qu'elles étaient environ une douzaine, dont Élisabeth Boselli qui fut la première femme française brevetée pilote de chasse. Cependant, comme m'a dit un jour la ministre des Armées Florence Parly : « Comme disent les militaires, tout ce qui n'avance pas recule, et c'est encore plus vrai pour la cause de l'égalité hommes-femmes... ».

Ainsi l'expérience des premières femmes pilotes de chasse a tourné court et est tombée dans l'oubli avec le départ du général de Gaulle. Caroline Aigle est la femme pilote qui a rouvert la voie d'une intégration féminine qui devenait accessible et institutionnalisée. Ceci n'ôte en rien à la difficulté que cela a représenté pour elle d'arriver à trouver sa place dans des escadrons où personne n'avait jamais travaillé avec une femme officier pilote depuis près d'un demi-siècle.

Sûre de ma décision, je me souviendrai toujours de ce trajet en voiture où, pour la première fois, j'ai dit que je voulais être pilote de chasse à une connaissance qui n'était pas du milieu aéronautique. Elle a éclaté de rire. Après en avoir déduit que son attitude était ridicule, j'ai également décidé que je n'avais pas à m'imposer les névroses des autres et que, par conséquent, je resterai dorénavant évasive sur la voie que j'avais choisie avec ceux qui ne pourraient pas le comprendre.

Ainsi, je me suis inscrite aux sélections. J'ai été convoquée en décembre 2000.

J'ai souhaité être officier sous contrat car je voulais pouvoir quitter l'Institution au bout de quinze ans avec une pension (le temps de service minimal a augmenté depuis et j'ai fini par en faire vingt). Cependant, voulant mettre toutes les chances de mon côté, je suis quand même allée en classe préparatoire afin de pouvoir tenter le concours de l'École de l'air si je n'arrivais pas à intégrer via le concours accessible avec le baccalauréat.

Les gens ont souvent beaucoup d'idées reçues sur ce métier, sur ce qu'est la réalité du métier, sur les aptitudes et les qualités requises pour pouvoir l'exercer. Avant de commencer ce parcours, j'ai eu la chance d'être entourée par des gens bienveillants notamment dans ma famille et dans mon aéro-club, qui m'ont aidée à rester motivée. Ma force est qu'ils n'ont jamais trouvé mon idée saugrenue (ou du moins, ne l'ont-ils pas formulé). Ce soutien, qui pour moi était nécessaire, dressait un rempart face aux messages démotivants d'autres. Ces freins ont nourri chez moi une volonté farouche de ne jamais être l'auteure de ce genre de réflexions face à qui que ce soit. En devenant maman, je continue à garder cette philosophie, cette confiance que l'on accorde aux vœux de l'autre sans pour autant tomber dans une naïveté déconnectée. Ainsi, lorsque ma fille, à 8 ans, m'a expliqué qu'elle voulait être président de la République dans sa deuxième partie de carrière, je lui ai répondu que c'était une excellente idée et que 100 % des présidents de la République s'étaient présentés aux élections présidentielles.

IL FAUT POSSÉDER UN MODE DE PENSÉE STRUCTURÉ ET PLUTÔT CONCRET

Les sélections pour devenir pilote font appel à un panel de compétences assez diversifiées. Certaines n'étaient pas, je dois le reconnaître, dans le champ de mes meilleures aptitudes. Si mon niveau d'anglais était plutôt bon, je n'étais pas une très grande sportive car je n'en avais jamais trop fait en raison de mon cursus au conservatoire. Lorsque j'ai commencé la classe préparatoire, le sport était donc loin d'être ma priorité. Cependant, par chance, nous avions un créneau optionnel dans notre emploi du temps. Habituellement, il servait de défouloir aux élèves qui en profitaient pour pratiquer des sports collectifs. J'y ai appris à grimper à la corde et j'ai préparé les épreuves d'athlétisme. Cela m'a permis de limiter la casse sur les épreuves de sport pour la sélection. Pour le reste, je n'ai pas suivi de préparation particulière. Étrangement, je n'ai pas vraiment eu de doute pendant cette préparation ni durant la sélection. Je suivais sereinement ce que je désirais en sachant que, de toute façon, la seule chose que j'avais à faire était de faire de mon mieux.

Les premières sélections franchies, place au pilotage. Selon moi, pour être un bon pilote (et surtout réussir la formation dans le nombre de vols impartis), il faut être plutôt pragmatique, disposer d'une certaine capacité de traitement de l'information, et savoir prendre des décisions rapidement. En résumé, il faut posséder un mode de pensée structuré et plutôt concret. Il me semble aussi nécessaire de pouvoir suivre des procédures établies mais également, face à la singularité des situations auxquelles nous sommes parfois confrontés, d'être capable d'élaborer une solution quand il n'en existe pas de toute prête. C'est notamment le cas dans les phases tactiques de la mission où tous les événements ne peuvent être anticipés. Pour déceler ces aptitudes, la sélection était alors composée d'épreuves psychotechniques, psychomotrices et d'entretiens professionnels. Cette phase durait une semaine sur la base de Brétigny. Les tests psychomoteurs des deux premiers jours étaient éliminatoires : ceux qui n'atteignaient pas un niveau minimum n'étaient pas autorisés à poursuivre.

J'ai toujours trouvé assez inexact de dire qu'il faut être une brute en sport et excellent en mathématiques pour être pilote de chasse. J'ai en mémoire que les épreuves du concours pour être officier sous contrat correspondent à un niveau correct de troisième en algèbre. L'épreuve d'anglais m'a semblé beaucoup plus facile que le niveau que le métier exige par la suite. Mais je pense que cela peut être dû au fait que je suis rentrée au moment où l'Armée de l'air a vraiment commencé à intégrer des opérations interalliées ou des programmes en coopération de façon régulière. Je pense notamment à nos participations aux exercices *Red Flag* ou *Mapple Flag* ou à la création d'une école franco-belge de formation des pilotes de chasse. Dans ces moments-là, nous parlions uniquement en anglais, même pour dispenser l'instruction aux élèves dans l'avion. L'anglais est alors devenu un outil indispensable pour le vol mais également lors de l'intégration d'états-majors interalliés dans lesquels des pilotes sont parfois déployés comme officiers de liaison. Quand j'ai débuté ma formation, tout se faisait en français puis nous avons progressivement intégré l'anglais à notre pratique quotidienne, ce qui reste d'usage aujourd'hui.

Enfin, les épreuves comprenaient une épreuve de groupe, un entretien avec deux pilotes et un entretien avec un psychologue.

Si la formation en vol était difficile, rétrospectivement je garde un excellent souvenir de ce moment où j'ai appris tant de choses passionnantes. Je n'ai jamais compris pourquoi l'ambiance était parfois aussi « rude » car j'avais parfois l'impression que mes ennemis les plus proches étaient certains de mes instructeurs. Certains étaient exigeants mais ils restaient justes et passionnants. Une minorité était juste tyrannique sous prétexte de nous aguerrir pour affronter certaines missions ou situations délicates à venir.

J'AI MIS UN SENS SUR LE TERME PARFOIS GALVAUDÉ DE « FRÈRES D'ARMES »

Ce métier m'a apporté de vivre une multitude de situations extraordinaires. J'ai eu la chance de découvrir des pays dans lesquels je ne serais jamais allée faire du tourisme, j'ai rencontré les habitants de ces pays, et de les entendre m'expliquer leur culture et leur regard sur la vie m'a fait grandir en tolérance. J'ai également lié de fortes amitiés : vivre des moments difficiles et parfois dramatiques tisse des liens précieux et indescriptibles. J'ai mis un sens sur le terme parfois galvaudé de « frères d'armes ».

Mes meilleurs souvenirs qui défilent sont les moments de pure camaraderie avec certains collègues qui possèdent de vraies valeurs. S'il en existe dans beaucoup de milieux, dans notre métier, ces êtres se révèlent plus à travers des environnements aussi intenses et exigeants.

À l'heure de ma retraite, j'évacue certaines situations désagréables où certains abusaient de leur position hiérarchique ou de leur ancienneté et imposaient un pouvoir arbitraire au lieu d'une autorité nécessaire. Mais ces aspects semblent de mieux en mieux pris en compte et restent peut-être plus anecdotiques.

Je n'ai pas été étonnée de ce que j'ai trouvé en arrivant dans l'armée. À vrai dire, je n'avais aucune attente ni idée préconçue, j'ai vécu les choses au fur et à mesure quand elles arrivaient.

Durant ma carrière de pilote, j'ai eu la chance de pouvoir voler sur différents types d'avion. J'ai débuté sur

Mirage F1 CR. C'était un monoplace de reconnaissance et d'attaque au sol. Accomplir la mission, seul dans un avion, est extrêmement exigeant car on ne peut compter sur personne lorsqu'on a un doute. On est responsable de tout : des échecs comme des réussites. La carrière typique d'un officier sous contrat dans l'Armée de l'air était à l'époque constituée d'une alternance d'affectations en escadron de combat et en escadron d'instruction en vol. Après trois ans à Reims, j'ai rejoint la base de Tours pour être instructeur à l'école de l'aviation de chasse sur Alphajet. J'ai terminé à l'escadron de contrôle et de standardisation où nous assurions la formation des instructeurs et les tests des élèves. Je trouvais cela passionnant de transmettre, surtout au début de ma carrière. J'ai ensuite été affectée sur la base de Nancy-Ochey sur Mirage 2000D. C'est un avion d'attaque au sol biplace dont l'équipage est composé d'un pilote en place avant et d'un navigateur officier système d'arme en place arrière. J'ai trouvé le travail en équipage passionnant car il faut arriver à construire une vision commune de la mission et ensuite communiquer efficacement pour atteindre l'objectif. Le fait d'être deux permet de réaliser des tâches beaucoup plus exigeantes, comme le suivi de terrain qui est particulièrement impressionnant. En effet, l'avion est capable de suivre le relief à 60 m du sol avec une vitesse de 800 km/h.

Aux prémices de mon départ, beaucoup m'ont demandé si le vol ne me manquerait pas ou m'ont expliqué à quel point il devait être difficile de quitter un métier aussi extraordinaire. Il s'avère que tout a une fin, et que mon temps dans l'Armée de l'air s'arrête là. C'est un métier formidable mais qui est également extrêmement exigeant, pour la famille notamment.

Il y a presque deux mois, j'ai coupé le moteur de mon avion kaki et posé une dernière fois mon équipement de pilote de chasse. Je suis convaincue que, dans dix ans, si je recroise la plupart de mes anciens collègues avec qui j'ai partagé des moments passionnants, rien n'aura changé, le temps n'aura aucune prise sur notre lien. La seule nostalgie que je traîne parfois, j'avoue, c'est lorsque je contemple un ciel bleu, l'aller-retour entre la Touraine et le bassin d'Arcachon en une heure me manque terriblement !

TÉMOIGNAGE 9

DOUMÉ, MÉDECIN BREVETÉ COMMANDO MARINE

« Tu ne feras jamais rien d'opérationnel ! »

J'aime ce job ! Quarante degrés à l'ombre il y a quelques semaines à Djibouti et aujourd'hui, – 20 °C. Pas une mission qui ressemble à la précédente.

An 2000 : la traque aux suspects de crimes de guerre est lancée depuis les accords de Dayton qui avaient mis un terme en 1995 au conflit en ex-Yougoslavie. Nous sommes en pleine Serbie. Les plaies de la guerre ne sont pas refermées, la tension reste forte entre les communautés serbe et bosniaque. Les Français, suspectés par les Serbes de complicité avec les Bosniaques, ne sont pas les bienvenus. Et dans quelques minutes, on va appréhender dans son fief un gars figurant en bonne place sur la liste du TPIY[1] pour crimes contre l'humanité ainsi que pour « violations des lois et coutumes de guerre ».

« Toubib, quoi qu'il arrive lors de l'action, dégâts ou pas, tu fais en sorte de le maintenir dans les meilleures

1. Tribunal pénal international pour l'ex-Yougoslavie mis en place pour juger les responsables de crimes contre l'humanité lors de la guerre dans les Balkans.

conditions possibles pour la remise au TPIY. Considère ce mec comme un VIP. »

Un salopard recherché pour crimes contre l'humanité, mais un VIP ! Le traiter en priorité y compris si des commandos sont blessés ? Moment de réflexion vertigineux, mais ce n'est pas le moment des tempêtes psychologiques internes, pas le moment de cogiter. Je passe en revue les cas non conformes. Et je peaufine mon matériel d'urgence. On va dérouler la mission.

L'arrestation ne peut échouer, mais surtout, elle doit se faire à l'abri des regards de la population. L'individu est honorablement connu et respecté localement. Son arrestation au vu de tous pourrait déclencher des réactions hostiles, aux conséquences incontrôlables.

Ses habitudes sont bien connues grâce au travail de renseignement des camarades du 13e RDP fondus dans la population depuis des mois. Il est décidé de mettre en place un certain nombre de stratagèmes pour l'appréhender dans une maison où il a l'habitude de se rendre. L'arrestation est musclée mais se passe bien.

Cible conditionnée, commandos saufs ! Le matériel de réanimation pourra rester dans le sac, je vais juste devoir faire un travail de surveillance médicale simple de l'intéressé durant les quelques heures de transfert jusqu'à la remise au TPIY.

Il sera à La Haye[1] le lendemain et se verra condamné après appel à quinze ans de prison.

Avais-je imaginé prendre part, à mon modeste niveau, à l'écriture de la petite ou de la grande histoire durant

1. Ville siège du TPIY.

ma carrière ? Jamais, bien évidemment. Serait-ce la dernière fois ? Non, et ce, dans un parcours personnel ou rien n'était écrit par avance.

UN BESOIN DE PARCOURIR LE GLOBE

Tout a commencé dans l'océan Indien, cet océan qui allait marquer une bonne partie de ma vie professionnelle. Comme mon frère aîné, je suis né à Madagascar d'un père béarnais, médecin militaire qui effectuait une carrière « dans la coloniale », comme on disait alors. Autrement dit, il avait choisi de faire carrière outre-mer. Les colonies devenues indépendantes avaient toujours besoin du concours de médecins militaires, soit insérés dans leurs armées naissantes, soit employés comme coopérants au sein de leurs structures de soins civiles. Mon père a servi à plusieurs reprises à Djibouti ainsi qu'à Madagascar. La Côte d'Ivoire, la Polynésie française et le Sénégal complètent le tableau de sa carrière et, pour moi, celui d'une enfance essentiellement sous le soleil, avec des déménagements tous les deux ou trois ans. À trois reprises, nous avons posé nos valises en France, à Marseille, Cherbourg et Fréjus. Ma mère, originaire de Corse, a renoncé à sa carrière dans les banques pour suivre son époux dans ses affectations et élever ses trois enfants. J'ai définitivement gardé de cette enfance un besoin de parcourir le globe qui ne s'est pas tari avec les années.

Bien qu'ayant un père militaire, je ne peux pas dire pour autant avoir baigné dans une atmosphère militaire marquée.

Une enfance essentiellement au soleil, une scolarité sans histoire, avec un an d'avance que j'ai gardé jusqu'au bout. J'étais un bon élève que mes parents n'avaient pas besoin de stimuler pour qu'il fasse son travail. Les résultats suivaient, tout allait bien. Mes activités sportives étaient essentiellement nautiques. Comment pouvait-il en être autrement quand on est ado à Tahiti ou en Afrique en bord de mer ? Le bonheur se trouve dans l'eau : ski nautique, planche à voile, voile, plongée… J'avais acquis de bons niveaux dans ces sports qui m'assuraient un bon développement musculaire. En revanche, malgré les conseils de mon père, je ne faisais rien pour le développement et travail du cardio, ça me manquerait plus tard. Je n'avais aucun goût pour la course à pied et ce ne sont pas les séances de sport de l'Éducation nationale qui avaient arrangé les choses avec les professeurs que j'ai eus. Je garde un souvenir épouvantable des cross hivernaux dans la boue lors des deux années passées à Cherbourg avec un professeur qui nous regardait courir en stigmatisant les derniers (dont je faisais partie), tout en allumant de temps en temps une cigarette. Je me voyais tellement en souffrance que j'ai bien essayé d'obtenir de mon père une dispense de sport en décrétant que j'étais asthmatique. J'étais bien évidemment retourné en sport, mais au fond de moi j'étais bien convaincu d'être asthmatique ! Le goût de l'effort, ce n'était pas mon truc s'il n'y avait pas de fun autour.

CLASSÉ Y4

1982, Abidjan, terminale scientifique, le bac approchait. L'heure des choix post-baccalauréat arrivait, je n'avais pas 17 ans et ne savais trop que faire, pas d'attrait pour un métier en particulier. La seule chose dont j'étais certain est que je voulais bouger et travailler hors de France, comme tous mes camarades de classe d'ailleurs. Mon dossier scolaire me permettait d'être admis dans des prépas math sup et HEC de lycées très cotés. Et je présentai, sans l'avoir préparé, le concours d'admission aux écoles du Service de santé des armées, insidieusement poussé par mon père (« ça te fera une préparation pour le bac et les concours ultérieurs »). Concours réussi ! Et ce privilège du choix devenait alors un casse-tête qui a bien perturbé mon été 1982. Après avoir tourné le choix dans tous les sens, je décidai d'entrer à l'École de santé navale à Bordeaux. Après tout, cela n'engageait à rien. L'intégration se déroulant une semaine avant la rentrée scolaire, si ça se passait mal dès le début, je pouvais toujours basculer sur une prépa. L'accueil musclé réservé par les anciens ne m'a pas fait rebrousser chemin : ainsi commençait une carrière de trente-deux ans dans le Service de santé des armées.

Une scolarité inoubliable à la Boîte, laquelle venait d'être sauvée de la fermeture par Jacques Chaban-Delmas et la mobilisation massive de la population bordelaise. Un fort sentiment de corps et d'appartenance soudait les élèves, sentiment que j'allais retrouver plus tard au sein des équipages de bâtiments de la Marine et plus encore chez les commandos. Tout au long de cette scolarité, mon orientation est restée la même : faire carrière outre-mer. Allais-je devenir médecin généraliste au soutien des forces ? Si oui, dans quels types d'unités ? très opérationnelles ou un peu moins ?

être spécialiste en hôpital militaire ? Une banale visite d'aptitude ophtamologique allait restreindre mes perspectives : j'étais classé Y = quatre. Cela signifiait que mon acuité visuelle interdisait bon nombre d'activités militaires opérationnelles (parachutisme, plongée, activités commando, etc.). Cette décision parfaitement recevable sur le fond m'a été annoncée de façon tellement humiliante que j'en veux encore au spécialiste près de quarante ans après. « Tu ne feras jamais rien d'opérationnel ! » C'est un peu comme s'il me rangeait d'emblée dans une catégorie de bons à rien. Circulez, y a plus rien à voir, si j'ose dire ! Voilà qui allait déterminer ma carrière… ou presque.

Pendant les vacances estivales, mes camarades de promotion effectuaient des stages militaires (parachutisme, commando, plongée, etc.) qui leur donnaient les bases techniques pour de futures carrières opérationnelles. Délesté de toute ambition opérationnelle, je prenais des vacances, autant voir le bon côté des choses ! Tout au plus ai-je pu passer le brevet d'alpinisme militaire, moins exigeant que les autres en termes d'aptitude visuelle, mais ça s'arrêtait là.

Les portes des unités les plus « ops » étant fermées, je décidai en fin de scolarité de m'orienter vers la Marine pour ma première partie de carrière afin de satisfaire ma soif de navigation et de découverte. Et je préparerais par la suite une spécialité hospitalière avec l'espoir de partir outre-mer dans les quelques postes restant ouverts en hôpitaux.

ABSENT DE TOULON 250 JOURS PAR AN

Première affectation sur un bâtiment basé à Djibouti, à l'issue de la guerre du Golfe. Premier contact avec les équipes de commandos embarquant pour le contrôle de l'embargo contre l'Irak. Second poste sur une Frégate basée à Toulon avec de multiples missions en Adriatique pour le conflit en ex-Yougoslavie ainsi que dans le golfe Arabo-Persique, zone éternellement sensible sur le plan opérationnel. Très souvent des commandos embarquaient avec nous. J'avais d'excellents contacts avec eux, une certaine curiosité pour leur univers dont j'ignorais à peu près tout – comme la plupart des marins du bord, d'ailleurs. Ils dirigeaient souvent des séances de sport à bord, en sachant se mettre à notre niveau de marins parfois trop sédentaires. J'y participais avec assiduité. Quel pied de pouvoir se faire mal et se vider la tête à l'occasion d'une séance de sport le soir sur le pont d'envol ! Ça casse la routine.

Absent de Toulon plus de deux cent cinquante jours par an, moi qui voulais parcourir les océans, j'étais servi. Trop peut-être !

Arrivait le moment de poser mes valises à terre, à Toulon, afin de préparer la « spé » envisagée : ce serait la radiologie, spécialité en pleine révolution technique et qui balaie l'ensemble de la médecine et du corps. Quoi de mieux ? Septembre 1994, je me lançai dans une préparation assidue avec un gros travail personnel, jalonné des traditionnelles « planches » hebdomadaires dans le service de radiologie de l'hôpital Sainte-Anne. En moins de deux mois, malgré la bienveillance et les encouragements des médecins qui me faisaient plancher, je renonçai à cette préparation. J'avais peut-être manqué de lucidité, mais je ne me voyais pas passer ma vie dans un service hospitalier derrière une console. Il me fallait du terrain, du contact avec le patient, bref de la médecine en unité. Mais quel avenir, dans la mesure où je ne pouvais pas servir dans les unités opérationnelles ? On verrait bien, je me ferais bien une place quelque part, le SSA offre tellement de possibilités ! Et je m'inscrivis aussitôt à la fac pour passer des diplômes de médecine du sport, de nutrition et d'ostéopathie : la nutrition et la médecine du sport m'intéressaient depuis toujours, l'ostéopathie suscitait une grande curiosité sans trop savoir ce que j'allais y trouver. La découverte de cette pratique fut une révélation : je découvrais, après quatorze ans d'études et de pratique d'une médecine hypertechnique, que l'on pouvait soulager avec ses seules mains. Quelle satisfaction de voir le résultat souvent immédiat d'un traitement de médecine manuelle !

Dans le même temps, je suivais à l'École interarmées des sports à Fontainebleau une formation de sophrologie appliquée aux sportifs et militaires, ultérieurement rebaptisée « TOP ».

Et aussi, je profitais de ce passage à terre pour me mettre au sport sérieusement. Je continuais l'entretien musculaire que j'avais toujours pratiqué, mais surtout, pour la première fois, je pratiquais la course à pied de façon régulière. Je partais de loin, eu égard à mes antécédents et mon peu de goût pour cet effort, mais des progrès appréciables me permettaient d'effectuer des courses sur route jusqu'aux semi-marathons, ce dont je ne me serais jamais cru capable.

MÉDECIN DE L'ÉCOLE DES FUSILIERS MARINS

C'est alors que, fin 1995, un ami commissaire de la Marine, affecté à la base des fusiliers marins et des commandos à Lorient, m'informa que le service médical de cette unité cherchait un médecin pour s'occuper de l'École des fusiliers marins. Une pratique de suivi des élèves en formation avec des soutiens de terrain, beaucoup de traumatologie, un besoin majeur en ostéopathie même si jusqu'à présent il n'y avait pas d'ostéo dans le service, des cours aux élèves sur la physiologie, la nutrition, l'entraînement, la préservation du potentiel. Je ne pouvais rêver de perspectives de poste plus en rapport avec mes aspirations et les compétences que j'étais en train d'acquérir. Seul bémol : je n'étais pas parachutiste. Or, cela faisait partie de la fiche de poste, même si ce n'était pas une obligation absolue. Après tout, pourquoi ne pas refaire le point avec un ophtalmologiste militaire pour voir si mon dossier passerait pour le stage para. Et ce fut le cas. Tous les voyants passaient au vert pour ce poste. Le baptême de la fille de cet ami commissaire, au printemps 1996, me donna l'occasion de découvrir la Bretagne et de confirmer que ce poste était vraiment fait pour moi. Validé !

À la rentrée suivante, j'étais donc lorientais d'adoption et médecin de l'École des fusiliers marins. Très vite, je partis à Pau, à l'ETAP, passer le stage para : un grand frisson, cette affectation commençait bien et sans blessure !

J'assurais la supervision médicale de la formation des fusiliers marins et des commandos : vertigineux, mais exaltant. J'enchaînais les consultations, les incorporations médicales des nouveaux élèves, les soutiens de terrain, les cours, les réunions avec le commandement, je ne chômais pas mais gagnais peu à peu la confiance de celui-ci. Confiance acquise aussi bien du fait des conseils professionnels que par la participation aux activités de l'École, notamment sportives. Le bizuth que j'étais accomplissait son parcours d'intégration dans ce nouveau milieu avec enthousiasme. Bien sûr, tout n'était pas rose, il y avait parfois des contacts rugueux avec le commandement, car le médecin peut être facilement perçu comme un électron libre (militaire mais pas trop !) ou un empêcheur de tourner en rond quand il pose certaines limites. Néanmoins, les rapports ont toujours été francs, dénués d'arrière-pensées, et les prises de position permettant de trouver un terrain d'entente, toujours guidées par le bien commun des élèves et la quête de l'excellence. La manifestation de cette intégration allait maintenant prendre un tour inattendu.

Le commandant de l'École, certains instructeurs ou directeurs de cours ainsi que le commandant de la base des fusiliers marins et des commandos semèrent une graine dans mon esprit : « Toubib, tu devrais passer le stage commando, tu as le profil physique, petit musclé sec. » Le STAC ? inimaginable pour tout un tas de raisons : je n'avais pas le niveau physique, j'étais trop vieux (les élèves du STAC avaient une vingtaine d'années, j'en avais 31 quand la graine a commencé à germer : un papy !), j'étais quand même miro, je n'avais pas le temps de me préparer, et encore moins de m'absenter de mon poste pendant la durée du stage. Sans compter le risque de se casser quelque chose et d'être indisponible encore plus longtemps. Non, décidément c'était une fausse bonne idée ! Je n'étais pas venu à Lorient pour ça, d'ailleurs. J'étais venu relever un défi professionnel passionnant : j'étais déjà comblé.

Mais quand certains instructeurs me répétaient que je tenais la route avec ce qu'ils observaient lors des activités de l'ECOFUSIL (cross, activités de cohésion physique collectives, tests physiques annuels pour le parachutisme...) La graine commençait à germer. Je côtoyais régulièrement les médecins affectés au soutien des commandos : aucun d'entre eux n'avait passé le STAC, tous assuraient parfaitement en mission, alors pourquoi pas moi, avec ce truc en plus qui serait le stage commando ? Car, maintenant, je visais une affectation ultérieure au soutien direct des commandos. Dans les dernières années, seuls les médecins du commando Hubert passaient le STAC : leur parcours d'intégration au sein de cette élite l'exigeait, il n'en était pas de même à Lorient.

Avec le recul, je ne peux pas dire qu'il y a eu un moment clef où je me suis décidé en me disant : « Fonce ! » Les choses se sont mises en place de façon progressive, et je me suis donc mis en quête de l'acquisition de connaissances techniques que je n'avais pas, faute de stages militaires suffisants durant ma scolarité. Il s'agissait d'apprendre les bases de l'infanterie, du maniement d'armes, de la topographie... Je m'organisais avec certains directeurs de cours pour participer avec les élèves à des activités de terrain en dehors de mes heures de travail. J'effectuais notamment des marches topographiques de nuit, mais je progressais peu. Je n'avais pas assez de temps à y consacrer. Et la lecture de livres sur la topo ou l'infanterie m'apportait des connaissances certes théoriques, mais j'avais trop peu d'opportunités de les mettre en pratique sur le terrain, je stagnais.

S'agissant de l'entraînement physique, il y a bien sûr les tests d'entrée au STAC, mais leur réussite ne présume en rien de la réussite finale. Il fallait faire plus que les minima, mais quoi ? Comment se préparer assez pour être performant mais sans tomber dans l'excès, avec un risque de blessure ou d'usure prématurée avant le stage ? Bien qu'observateur médical des activités de l'École, je peinais à mettre en place un programme pour m'entraîner seul. Les élèves, sous la direction des instructeurs, étaient sur une voie de préparation certes difficile mais idéale, ils pouvaient se motiver en groupe, s'évaluer les uns par rapport aux autres. Je devais faire cela tout seul, sans savoir jusqu'où pousser les curseurs de la fréquence ou de l'intensité de l'entraînement. Je butais et me décourageais. La technique avançait peu, le physique, je l'entraînais, je me faisais mal pour réussir, mais avais l'impression d'une préparation peu cohérente. Et puis, ce stage était-il une si bonne idée ? Comme il n'était pas indispensable d'être badgé commando pour être affecté à leur soutien médical, de quoi aurais-je l'air si j'arrivais l'été suivant en affectation après avoir échoué au stage ? Ne risquerais-je pas d'avoir l'étiquette d'un échec lourde à porter ? Bien sûr, ces interrogations, je les gardais pour moi. Je pouvais toujours bénéficier de conseils des instructeurs de l'École – presque trop d'ailleurs car, certains ayant des approches différentes, je me perdais.

UN STAGE QUE JE REVOIS COMME UN CHEMIN DE SOUFFRANCE

L'un d'entre eux aura eu une action déterminante : il s'agit de Marius, alors instructeur au STAC. Il n'avait pas encore crevé l'écran à l'époque, mais ceux qui le connaissent comprendront que son charisme et sa force de conviction ont eu la capacité de me remotiver et remobiliser. Son action se résume à peu de chose, mais elle a été déterminante : elle tient en une feuille manuscrite verte qu'il m'a remise, sur laquelle figurait un schéma type d'entraînement hebdomadaire. Ce schéma se terminait par quelque chose du genre « si vous faites ça, vous êtes OK physiquement. Mais sachez que ça ne représente que 20 % de la réussite, les 80 % restants sont dans la tête ». Simple, sobre, juste ce que je cherchais ! Ce plan ferait sourire les candidats d'aujourd'hui à l'intégration dans les unités d'élites et probables lecteurs de cet ouvrage. À des années-lumière des plans ultra-personnalisés si recherchés aujourd'hui et ne laissant rien au hasard, il reste à mon sens très pertinent. À ce moment, il avait l'énorme qualité de me donner des repères de ce qui permettait d'espérer tenir le choc physiquement au STAC. Et même si ce n'était qu'une base, moi qui travaillais en solo depuis des mois, sans savoir comment me situer par rapport aux exigences du STAC, quel coup de boost ça m'a donné ! J'avoue avoir même voulu en faire un peu plus, mais j'ai eu la sagesse de ne pas aller trop loin pour ne pas m'épuiser avant le stage. Mes connaissances médicales m'aidaient pour ma préparation nutritionnelle.

Sur le plan psychologique, je n'avais aucun problème à reconfigurer mon logiciel interne : j'allais obéir à des instructeurs qui hier encore m'appelaient « monsieur le médecin ». Je me disais que tout cela n'était qu'un jeu auquel j'allais me prêter sans trop de difficulté. Rétrospectivement, je peux dire que ça a été une force incroyable.

Et si les instructeurs me malmenaient, ce qui est advenu, c'est qu'ils auraient de bonnes raisons ! C'est parce que j'aurais fait des fautes techniques préjudiciables à la réussite de la mission qui est le but ultime. Pour autant, de nombreuses appréhensions subsistaient : mes performances en course restaient très moyennes, mes moindres capacités de récupération à 32 ans me permettraient-elles de tenir le choc de l'enchaînement des épreuves ? Et comment moi, le gros dormeur, allais-je gérer la privation de sommeil ? Les TOP citées plus haut me donnaient quelques clefs supplémentaires pour faire face aux situations extrêmes du stage commando.

Et c'est ainsi que j'abordai le stage au printemps 1998. Un stage que je revois comme un chemin de souffrance mais également d'exaltation. Souffrance physique d'abord. Outre celle inhérente aux épreuves et à leur succession infernale s'est ajouté pour moi, dès les premiers jours, lors du parcours assaut, un impact thoracique que je soupçonnais être à l'origine de fractures costales, ce dont je n'aurais la confirmation que plus tard. J'avais fait une faute technique à la réception, je payais... et je souffrais mais serrais les dents. Le stage se poursuivait donc en étant déjà diminué, en étant saucissonné d'élastoplast, je ne brillais nulle part. J'expérimentais le manque de sommeil redouté et son cortège d'hallucinations, je découvrais que l'on pouvait dormir debout en marchant. Les curseurs étaient poussés au maximum en termes de sollicitations physiques et psychologiques, donnant à chaque jour de nouvelles occasions de se surpasser, de se découvrir, et parfois d'avoir envie de tout envoyer balader. Mais je m'accrochai jusqu'à un nouveau traumatisme avec impact sur les tibias en fin de parcours évasion, à quelques jours de la fin du stage.

Le parcours s'achevait, et en courant, j'impactai avec force un tronc d'arbre en travers du chemin, que je n'avais pas vu, tellement heureux d'en finir avec ce parcours mais aussi par manque de lucidité. La « marche sable », dans les heures qui ont suivi, a été difficile, malgré un antalgique autorisé par les instructeurs. Mais les vrais problèmes sont arrivés quelques jours après quand les hématomes causés par ces impacts se sont infectés, donnant plusieurs abcès au niveau de mes jambes. Direction l'hôpital et le bloc opératoire pour faire inciser ces abcès. Pour moi, cela signifiait la fin du STAC. C'était trop bête, on n'était pas loin de la fin, mais ça allait s'arrêter. Mais après tout, sorti sur blessure, l'honneur était sauf ! Doublement sauf, si j'ose dire, car c'est à ce moment qu'a été faite la radiographie thoracique confirmant les fractures des côtes que je traînais depuis quelques semaines. Et c'est alors que s'est présentée une chance que je n'aurais osé imaginer : sous réserve que le chirurgien me laisse sortir très rapidement et que mes pansements quotidiens puissent être refaits par mes collègues de l'infirmerie, ce dont mon médecin chef se portait garant, on m'autorisait à terminer.

Sur le plan médical, la décision était audacieuse mais le chirurgien, qui connaissait bien l'ECOFUSIL, validait la marche à suivre. J'allais devoir serrer les dents jusqu'à la fin mais j'allais tout faire pour être digne de ce que je considérais comme une faveur. En était-ce une ? Je dirais qu'elle est le fait d'une attitude bienveillante du commandement à mon encontre. Mais je dois à la vérité de dire que, bien des fois dans ma carrière au soutien de l'ECOFUSIL, en relation avec le commandement, il m'est arrivé de prendre des décisions de cet ordre pour aider des élèves quels qu'ils soient à sortir du stage. Nous faisions des soins dans des conditions acrobatiques mais nous étions là pour eux, et le jeu en valait la chandelle. Cette fois-ci, c'est moi qui en bénéficiais. Et c'est ainsi que je finis ce stage et que je reçus mon badge en cette fin juin 1998 à près de 33 ans.

UNE BATAILLE NAVALE AU LARGE DE LA GUYANE

Dans la foulée, je quittai le poste de l'ECOFUSIL pour être affecté au soutien direct des commandos. N'étant pas rattaché à un commando en particulier, j'avais l'opportunité de travailler avec tous, y compris Hubert pour certaines opérations. Six semaines plus tard, en plein week-end du 15 août, ce fut la première alerte et le premier départ en mission en Afrique avec les commandos Jaubert et Hubert.

Allaient suivre dix années à assurer le soutien médical de ces unités d'exception, dans des environnements et des modes d'action toujours renouvelés. Si je devais retenir deux missions dans mon parcours, ce seraient :

- la reprise d'une piste d'aéroport stratégique en Afrique à des forces rebelles menaçant le pouvoir central ;
- une bataille navale épique au large de la Guyane face à des pêcheurs brésiliens qui pillaient sans vergogne les ressources halieutiques locales. Ne s'étant pas pliés aux injonctions de l'État français de rester dans leurs eaux, ils avaient repoussé des équipages de la Marine. Cette intervention à la mer a donné lieu à une énorme baston face à des pêcheurs très agressifs, armés et prêts à en découdre. Elle a occasionné plusieurs blessés. Pendant que je conditionnais les blessés les plus sérieux avec deux infirmiers, le couteau Suisse que sont les commandos a fonctionné en reconfigurant avec intelligence le toit d'une tapouille (surencombrée par des aériens, la cheminée du moteur, les apparaux de pêche) en zone de treuillage pour ces blessés, qui ont pu être transférés rapidement à l'hôpital de Cayenne.

L'exercice au sein des forces spéciales ignore la routine ou la monotonie. Marqué par des missions toujours plus audacieuses, il fait appel à l'innovation et à l'adaptation à des situations sans cesse renouvelées, avec une pratique axée sur la médecine d'urgence en conditions souvent dégradées. Si de jeunes lecteurs médecins sont attirés par un tel cadre d'exercice, une carrière au soutien des forces spéciales peut être un moyen de se réaliser pleinement. Fort d'un accomplissement total, je ne peux qu'exprimer un regret : celui d'avoir rejoint cet univers trop tardivement dans mon parcours.

TÉMOIGNAGE 10

CHRIS, GROUPE D'INTERVENTION DE LA GENDARMERIE NATIONALE (GIGN)

Deux stages commandos marine et deux stages GIGN

Il est peut-être 3 heures du mat. Ma montre est accessible mais je discerne mal l'écran à cause de l'obscurité et l'opacité de ma visière. Et un éclat de lumière serait mal venu dans ma position. Nous sommes en mars et le froid est encore tenace ; de plus cette intervention se déroule dans l'est de la France, en Franche-Comté, pays réputé assez éloigné des tropiques ! L'alerte a crépité sur nos bippers aux environs de 20 heures ; un rapide briefing, et la cohorte des véhicules, sirènes hurlantes, a quitté la caserne Pasquier vers cette campagne franc-comtoise. C'est ma première mission avec le groupe. J'ai été breveté au début du mois de mars et me suis mis de renfort sur toutes les missions possibles. C'est la première qui tombe et je me retrouve embarqué avec la section 2 sur une mission « forcené ». Deux de ma promo sont là aussi, c'est leur section. Pas moi. Je suis habituellement à la 4. J'ai beau avoir mon expérience militaire passée, l'excitation et l'adrénaline du jeune premier sont tout de même là.

L'arrivée sur place se fait aux alentours de minuit et nous investissons rapidement les locaux de la mairie. Pour ce petit village du fin fond de la France, l'arrivée du GIGN fait mine d'un débarquement d'extraterrestres. Le va-et-vient des hommes cagoulés déchargeant matériel et armement apparaît pour ces habitants comme un spectacle plus fascinant que le film du dimanche soir ou la pire des téléréalités : mieux que *Le Loft* ou *Koh-Lanta*, le GIGN en direct ! Pour nous, c'est la procédure habituelle... décharger, s'installer, prendre possession des lieux afin de maîtriser le terrain et l'ensemble des éléments. Très rapidement, les ordres tombent. Les tireurs, les premiers concernés, sont briefés pendant qu'ils s'équipent. Pas le temps d'attendre, le temps presse. L'homme, la cinquantaine passée, est en crise. Il a tiré à plusieurs reprises sur des éléments de la gendarmerie, ancien chasseur, déterminé, son cas est pris très au sérieux.

JE SAIS DÉJÀ QUE JE VAIS RAMASSER PHYSIQUEMENT

Les quelques photos de lui affichées dans la salle principale de la mairie montrent un homme bourru, renfermé et coupé depuis peu de tout lien social. Sur une photocopie A4 en couleur apparaît une silhouette renfrognée, un homme grand, quelques kilos de trop, et le visage marqué par les événements d'une vie chargée. Les yeux petits et noirs semblent transpercer l'image en voulant dire : « Foutez-moi la paix ! » Suite à des convocations restées sans réponses pour des actes de violence verbale sur un élu local, la patrouille de gendarmerie vient sonner à sa porte.

Celle-ci s'est vue être accueillie non pas avec un grand sourire mais plutôt avec une volée de plomb. Plusieurs, même. La violence de ces actes a déclenché l'appel puis l'intervention du GIGN. La rue est verrouillée et ce village paisible s'est transformé en quelques heures en corral. Les gendarmes locaux semblent être dépassés et ont su tant bien que mal geler la situation. Mes camarades tireurs sont dorénavant transformés en arbres vivants, rassemblés et prêts à quitter la mairie pour aller se mettre en place. Pour le reste de la section, le briefing tombe. Les négociateurs nous dressent le profil du forcené puis suivent les éléments tactiques. Les combis bleues sont rassemblées et, sous les paroles de P., le chef de section, les rôles de chacun tombent. Il compte faire preuve de prudence et utiliser les compétences de chacun afin de préserver au maximum la vie de ses hommes face à cet homme seul qui n'a rien à perdre. En tant que renfort, je n'ai pas de rôle encore attribué et c'est D., mon instructeur pendant ma formation et revenu en section, qui me désigne : je serai bouclier.

Je serai normalement le premier à rentrer et à me retrouver face à la menace. Au vu des suites et de la tournure des événements je ne serai pas déçu ! Il peut paraître surprenant qu'un « jeune » arrivant se retrouve en première ligne, néanmoins je sors tout frais du stage de formation et cette année passée à l'entraînement a largement validé cette compétence, comme mes camarades. Je finis de m'équiper comme les autres et hérite bientôt d'un superbe trophée de 22 kg… le bouclier balistique. J'ai peu de temps pour prendre en compte mon nouveau compagnon et surtout m'habituer au confort quelque peu limité qu'il me procure. Trouver la bonne position de portage, c'est-à-dire le positionner de façon à limiter l'incidence du poids. Mais je sais déjà que je vais ramasser physiquement au cours de cette inter qui s'annonce longue. Et ce n'est pas peu dire !

Tous sont maintenant prêts et en mesure de se mettre en mouvement. Les radios crépitent, les tireurs sont en place, l'élément « assaut » peut maintenant rejoindre l'emplacement désigné. La colonne d'assaut se forme devant la mairie et commence à avancer en direction de la maison du forcené situé à peine à 300 m. Les ruelles sont éclairées par quelques lampadaires et nous empruntons le cheminement choisi par le chef tactique, c'est-à-dire simplement se masquer des vues et se déplacer au maximum sous l'appui des tireurs.

S'ENGAGER POUR LA VIE

Nous entrons dans un premier jardin, quelques-uns me dépassent pour écraser le grillage, et m'aider à franchir les différents obstacles. L'encombrement et surtout le poids du bouclier m'obligent à contrôler mes mouvements, vérifier où je pose les pieds et m'assurer de constamment garder l'équilibre. Exercice qui ressemble plus à du gainage qu'à une randonnée. Je pense brièvement aux propriétaires de ces terrains qui vont bientôt découvrir leurs jardins labourés par un troupeau de sangliers cagoulés et casqués. Nous franchissons une seconde clôture pour arriver dans le jardin de l'objectif. L'axe d'approche est pris quelques instants par un gars en arme longue qui se détache de la colonne. Je l'observe dans l'angle de ma visière. Quelques mètres et nous sommes sur notre position d'attente. La base d'assaut. En face, à quelques mètres de l'autre côté de la rue, des maisons de village accolées dans lesquelles, quelque part, sont postés, la gueule dans la lunette, un ou plusieurs tireurs. La négo a déjà commencé et, pour nous, l'attente. Une longue attente. Mais ça, je ne le sais pas encore.

Nous attendons les comptes-rendus des négociateurs. Nous sommes mêmes accrochés à leurs paroles. Tout se fait d'un petit local réservé pour eux dans la mairie, maintenant libre de tout fracas et disponible pour des discussions et des échanges houleux avec notre homme. Fred est le chef de ce trinôme. G. et S. sont ses adjoints. Leur mission, obtenir la reddition du forcené. Cela peut paraître antinomique avec notre métier d'action, mais si une issue pacifique est possible alors tentons-la. Après tout, il s'agit d'un être humain, avec son histoire et sa vie. Cela fait partie de l'éthique du groupe : « S'engager pour la vie. » Nous avons eu un an pour comprendre ça, la promo : que l'issue d'une intervention peut être favorable et ne pas se terminer dans un bain de sang. Des arguments qui deviennent logiques et compréhensibles pour tous. Même si parfois on aimerait bien se confronter à celui d'en face. Je ne le sais pas encore mais la négo sera bientôt mon domaine. Pour le moment, j'ai simplement été repéré comme potentiellement intéressé. Je suis donc, ce soir, attentif également au déroulé de cette phase. Ce n'est pas le cas de tout le monde.

Derrière moi, ça fustige et ça souffle. La négo n'est jamais vraiment bien vue du reste de l'inter et des autres spé. Imaginez, ce serait dommage que l'on rentre

« bredouille » sans avoir démonté une ou deux portes, transpiré un peu et croqué ! C'est-à-dire, passer à l'action. Autant de route, à se cailler les meules et sortir tout le matos pour finalement rentrer se coucher sans être entré dans la maison. Non, ça, ce n'est pas possible ! Et ce soir, on va être servis.

PUTAIN, QU'EST-CE QU'ILS FOUTENT LES NÉGOS !

Il s'est peut-être déjà écoulé une heure ou deux. En tout et pour tout, la négociation va durer cinq heures ce soir-là. Un temps où toi, dans la colonne d'assaut, tu as de quoi t'impatienter et travailler du citron. Pourtant il faut attendre. L'issue peut être pacifique ou se finir par un échange de coups de feu, un blessé parmi nous ou simplement la neutralisation pure et simple de cet homme sur légitime défense. Quelle qu'en soit l'issue, il faut tenir ! Le bouclier est lourd. Toujours debout, je cherche la meilleure position pour trouver un semblant d'équilibre. Les jambes semi-fléchies, les avant-bras sous l'anse du bouclier, je trouve un peu de confort où il y en a. Le relâchement momentané des muscles du dos en me redressant, mon expiration qui me revient dessus grâce à la visière et me donne un peu de chaleur… un peu. Je pense aux autres qui sont derrière moi, chargés aussi, aux tireurs qui sont à plat ou dans des positions à la con à attendre. Car il s'agit bien de cela, attendre et se changer les idées comme on le peut tout en restant vigilant à l'imprévu. Une décision qui vient me taper sur l'épaule va radicalement changer ma vie : derrière moi, David me glisse à l'oreille : « Accroupi ! » Je souffle. Il va falloir maintenant trouver une position assise adéquate et susceptible de durer. DURER. C'est une phase que l'on ignore souvent mais qui prend pourtant une part importante de notre entraînement. Que ce soit sur le terrain ou comme là, en base d'assaut, elle est souvent source d'une préparation mentale que l'expérience vient renforcer au fil des années. Je pose d'abord le bouclier, puis mes genoux. Un à terre, un relevé.

Le temps passe… et repasse même. Les comptes-rendus sont rares. Je me demande bien ce qu'ils peuvent se raconter. On entend parfois dans la maison un haussement de voix. Quelques bruits étouffés par les murs épais et qui nous maintiennent dans une vigilance constante. Pourtant, un élément vient maintenant perturber mes capacités et chahuter quelque peu mon récent confort. Le froid. En cette fin mars, dans ce pays franc-comtois, le froid est sec et pénétrant. Nous sommes proches du sol et un nuage givrant semble s'abattre sur nous. Les quelques couches de vêtements sous ma combinaison semblent maintenant insuffisantes. Pourvu que ça bouge, me dis-je. Il est peut-être 3 heures du mat. Ça devient long et je me demande si je suis le seul à le constater. Heureusement, force de la cohésion, partage d'expérience, ça râle derrière. « Putain, qu'est-ce qu'ils foutent les négos ! » Ce petit feedback me réconforte, on se caille, c'est long mais on le subit tous, ce qui nous donne finalement une force supplémentaire. Celle du groupe.

Le silence assomme la ruelle et la colonne d'assaut. Plus de bruit depuis maintenant de longs instants. Une voix résonne dans nos oreillettes : « Fin des contacts, l'homme ne répond plus. » Il a cessé toute discussion, ne voyant aucune solution à ces débats répétitifs. La négo se déplace. Encore quelques instants qui paraissent une éternité. Tout le monde se réveille, les corps se stimulent, les esprits s'échauffent. Il y a du changement. Et le changement dans notre métier, cela signifie que ça peut partir vite. Enfin !

3, 2, 1, FEU ! BOOM !

Quelque temps passe, temps pour la réflexion et la prise de décisions. La prudence est de mise et nous attendons la suite. C'est-à-dire le feu vert, le « Go » de l'assaut. Tous connaissent la suite tant attendue. Il est temps pour nous de réveiller les esprits déjà bien agités par cette attente et cette lutte dans le froid. On pourrait croire, finalement, que c'est chose facile d'attendre tranquillement un ordre à la radio, simplement installé contre un mur, qu'il s'agisse de voir passer les minutes ou les heures. Mais au contraire, il n'y a rien de plus contraignant pour des esprits comme les nôtres de patienter et de devoir s'astreindre à l'attente de l'action. Nous avons beau être entraînés, soumis aux difficultés de la sélection et de la formation, puis, plus tard, de l'entraînement en unité, le corps endure cet entraînement et accumule cette fatigue. Et l'esprit s'étreint souvent de cette répétition. Pour une mission comme celle-ci, c'est supporter le froid, supporter le poids des équipements, supporter l'attente. Faire preuve de patience est souvent l'épreuve mentale la plus délicate car elle peut parfois s'accompagner d'un vide, c'est-à-dire la reddition ou la résolution de la crise par un autre moyen que l'assaut et donc l'action. C'est souvent une situation mal vécue, une frustration, que de rentrer

« bredouille », ronger son frein et ranger le matériel sans qu'il ait servi. L'attente, la patience est une épreuve de force en elle-même. Elle teste, émoustille, souvent accentue le caractère volubile de chacun. Et dans cette épreuve, seuls ceux qui ont travaillé sur eux, pris connaissance, conscience de cet élément et accepté les causes et les conséquences de cette implication supportent mieux ces longs moments d'attente, pour parfois rentrer avec la dent creuse et souvent avec la satisfaction d'avoir « croqué », d'avoir goûté au flow de l'action, cette adrénaline pure qui s'injecte partout dans le corps au moment du « top » et qui vous fait gravir les pires épreuves.

Les radios crépitent : P. nous explique le déroulement de l'assaut ! Ça y est, on y est ! Une brèche sera faite à l'explo par une fenêtre du bas. Puis, nous rentrerons en premier, et nous entamerons l'investigation de la maison. C'est parti. L'assaut va commencer. Je sens déjà mon sang se réchauffer et l'adrénaline monter en moi. Mon esprit s'éveille, mes sens s'aiguisent, et mon corps sort de sa léthargie.

Nous attendons le feu vert. OK... Top. La présence, et le travail, des tireurs d'élite à ce moment précis est primordiale, presque inconscient pour nous car nous savons qu'ils sont là. Ils sont nos anges gardiens ! Le reste de la colonne est prêt, lui aussi, à s'engouffrer dans cette grande baraque, en attente quelques mètres derrière. Nous sommes bien placés, la plaque portant la charge explo est correctement positionnée. J'attends le décompte. Quelques secondes qui paraissent une éternité, le temps s'arrête comme figé, chaque « ops » devient à ce moment-là presque une statue de pierre, l'esprit aiguisé, prêt à l'action… derniers instants de calme avant la tempête, plus rien ne bouge, hormis la vibration de la radio : 3, 2, 1, feu ! Boom ! La fenêtre vole en éclats. Bois, verre, et autres débris ont volé à l'intérieur de la maison. La brèche est ouverte. Une fois à l'intérieur, l'appui se bloque sur le lit. Je monte sur le rebord pour éviter les bouts de verre restants et saute au sol.

Nous ouvrons tant bien que mal la porte. Il y a derrière un amoncellement de meubles et de fatras indescriptible. Cela ralentit forcément l'investigation, et rend celle-ci dangereuse. Un couloir s'étire de gauche à droite et, en face de moi, ce qui semblerait être une salle de séjour. Notre objectif est de progresser, un binôme s'occupera donc de la pièce en face et je bifurque à droite, direction l'étage : l'escalier, pas très large, où un seul homme peut s'engager.

J'ouvre au mieux et commence à monter cet escalier tournant. Derrière, la pression se fait sentir. Je monte encore et franchis un premier angle, puis un deuxième pour me retrouver devant une porte, accédant au deuxième étage. Un compte-rendu passe à la radio, la situation se fige. Attente du reste de l'équipe qui fouille le rez-de-chaussée. On peut entendre le boucan causé par le mouvement des meubles, le bruit n'est plus un problème, l'ouverture de la fenêtre a largement prévenu de notre entrée, l'effet de surprise est dorénavant perdu, la prudence est de mise.

Nous sommes sur son territoire, il faut donc découvrir le terrain à tâtons. L'escalier est en vieux lambris des années 1980, version chêne foncé, avec un plafond pas très haut que l'on peut toucher rien qu'en levant la main. L'ordre tombe, en avant ! Je prends le bouclier sur un bras et empoigne la poignée, tourne délicatement, une petite résistance, je pousse, la porte s'entrouvre. Nous reprenons la progression. Première mission, donner des infos sur la suite de cette progression et la configuration des pièces. J'ai toujours le bouclier et, dans cette position, il est plus une gêne et m'empêche toute flexibilité sur ce palier en T. Je suis maintenant face à trois directions dangereuses, la chambre, une pièce au fond et une porte à gauche menant je ne sais où. Certainement la suite de l'escalier. Ça part dans le fond derrière moi et ça se précipite un peu plus, ça pousse, ça part à droite dans la chambre, je pars en face, suivi de P., dans un espace restreint et ouvert. CLAIR-CLAIR-CLAIR, les comptes-rendus résonnent bientôt sur le palier alors qu'un binôme est posté devant l'escalier menant au grenier, l'homme ne peut que s'y trouver. Nous figeons ici un instant. La prudence est de mise. Le cinquantenaire acculé pourrait tenter une action d'éclat. La réflexion se porte sur une reprise de la négociation. Les négos ne sont pas dans la colonne cette fois, c'est donc un opérationnel d'expérience qui entamera le dialogue. F. s'en charge et commence une prise de contact du bas de l'escalier.

Plusieurs tentatives et enfin, l'homme perçoit un signe d'espoir propice à sa sortie, il répond. Après quelques minutes toujours aussi longues, il se présente à nous en haut de l'escalier du grenier, descend les marches une à une et se fait saisir sans résistance. Il a perçu, dans un moment de lucidité, la bienveillance du négociateur et l'instinct de survie ont fait le reste.

Nous sortons de la maison, désorganisés ; dehors, la gendarmerie locale a repris la rue, et le froid s'empare de nouveau de nos corps. Le retour se fait dans le calme et le rangement, dans les potins de la mission.

Cette mission est une mission comme il y en a tant au groupe chaque année, pas plus banale qu'une autre mais tout aussi spécifique. Alors que j'écris ces lignes, je pense à R., A., J., et tous les autres qui sont encore d'active, la section 4, mais également ceux que j'ai pu accompagner en formation tir, et les nouveaux qui sont devenus et deviendront opérationnels à leur tour pour vivre ce genre d'inter.

PREMIÈRE ÉTAPE, LES COMMANDOS MARINE

À 17 ans, j'avais l'habitude de partir, sac au dos, seul en montagne sur les sentiers de randonnée. Mon père m'a donné goût à cette activité dès l'âge de 10 ans et j'abandonne rapidement les balades familiales pour partir en autonomie deux-trois jours sur les sentiers pyrénéens. Périples que je pratiquerai bien plus tard pour m'extraire de la vie citadine et du quotidien.

J'ai 19 ans et il est temps de prendre des décisions : soit continuer sur une voie qui me lasse déjà puisque les études se sont chargées de me démotiver, soit partir. Quitter le nid familial, dans lequel je ne me sens plus à mon aise, et aller goûter ce sel que propose la Marine.

C'est un vendredi soir, et sur *Thalassa*, j'aperçois deux gars, accrochés l'un à l'autre, qui sautent d'un hélicoptère. Aperçu rapide d'une vie peu commune et qui, de suite, me confirme ce que je veux. De l'action, de l'aventure et partir loin, voir du pays.

Les révisions se tournent dorénavant vers les tests d'entrées de la Marine et plus particulièrement pour Maistrance. Tests écrits, entretiens et épreuves sportives suivront. Et la lettre tant attendue.

L'entrée se fera en septembre. Ce n'est que le premier acte, mais je rencontre déjà ceux de ma promo qui dérouleront le même cursus jusqu'au stage commando marine. Une mise à niveau de deux mois, avec un footing torse nu le 5 janvier qui annonce déjà la couleur. Le BAT suivra pour enchaîner sur le stage co.

Un entraînement plus réfléchi me permettra d'obtenir le béret vert au deuxième essai, même si je finis blessé à une cheville et une épaule. Un entraînement intensif sur le cardio et l'endurance a renforcé les lacunes du premier stage et a permis de résister aux longues épreuves de marche et d'évasion à travers le bocage breton.

Avec le recul, la randonnée a été une excellente mise en condition à l'adolescence puisqu'elle m'a permis d'avoir une bonne endurance et des articulations relativement solides. De plus, le poids du sac était quelque chose déjà acquis ainsi que sa préparation et la vie en nature.

DEUXIÈME ÉTAPE, LE GIGN

C'est ma deuxième tentative. Les tests de présélection ont été réussis et je me retrouve de nouveau devant les bâtiments d'entraînements du GI, quelque part dans la région parisienne. Mon approche est cette fois différente. Plus détachée et plus distante, même si je sais que c'est une deuxième cartouche et que je n'en aurai pas d'autre puisque je suis limite en âge.

Mon entraînement l'a été tout autant. Je l'ai basé sur la récupération et l'assimilation musculaire des différents exercices. En gros, plus de repos ! Et être plus à l'écoute de mes sensations. J'ai alors 32 ans et je vais le sentir. La récupération n'est plus la même qu'à 20 ans et certaines routines sont impératives pour pallier cette lacune.

Hydratation, étirements seront des éléments indispensables lors de cette sélection. J'ai l'avantage de connaître les lieux puisque j'y suis passé l'année d'avant, et certaines épreuves, mêmes si elles changent, sont reconnues. J'ai également l'avantage de connaître mes faiblesses et mes forces, ce qui, lors de l'entraînement, m'a permis de mettre en avant mes points forts et d'insister sur mes faiblesses. Le tir est l'un de mes atouts, et la répétition de séances régulières au plomb payera lors de cette sélection. La perte de poids sera nécessaire aussi. Arriver léger pour pallier un manque de souplesse m'a permis de combler une aisance sur les parcours. Nous sommes à la cinquième semaine et la sélection s'est vite faite. D'elle-même. La motivation des uns a joué sur celle des autres et nombre d'entre nous sont partis d'eux-mêmes. Ce qui n'enlève rien à la rigueur de la sélection.

Les restants sont au nombre de neuf. Deux coureurs, un costaud, trois écureuils et un restant de chats maigres auquel j'appartiens. Nous comptons les semaines, les jours, voire les heures parfois. Chaque épreuve se passe pour mieux se préparer à la prochaine et récupérer : boire, grignoter quelque chose, enfiler un truc chaud, refaire son sac, bref, le quotidien d'un sélectionné. Nos deux instructeurs principaux suivent le canevas, avec néanmoins une certaine inventivité, ce qui, avec le recul, pimentera cette sélection et nous laissera un souvenir inaltérable de cette période. Cette fois-ci, ils nous larguent dans la nature avec la moitié du département à nos trousses. Les détails de cet exercice ne seront pas communiqués, mais lors de ce périple de quelques jours, nous avons dormi dans une écurie, roulé en jaguar et d'autres encore, afin de pointer aux lieux de rendez-vous et montrer notre endurance et abnégation à vouloir aller jusqu'au bout.

Aujourd'hui préparateur mental, j'ai pu développer et mettre à profit tous les outils utilisés pendant ces stages et les nommer. Ainsi connus et appréhendés, je les mets maintenant au profit de mes consultants afin de leur permettre d'aller vers leurs objectifs.

Focus

S'ENTRAÎNER À JEUN

Par Sabine, diététicienne nutritionniste

Certains d'entre nous étaient à jeun lors des tests physiques. Le jeûne est une pratique qui connaît aujourd'hui un véritable engouement. Si, dans le sport, des intérêts à cette pratique apparaissent, il est essentiel d'en comprendre les mécanismes pour voir se dessiner dans l'alimentation un double enjeu. Le premier rôle de l'alimentation est fondamental, car il sous-entend le bon fonctionnement du corps. Le second, plus complexe, place l'alimentation comme une variable de l'entraînement. L'objectif, tout comme pour l'entraînement par forte chaleur ou avec de la charge lourde, est de développer des adaptations à l'entraînement rendant le corps moins vulnérable à l'environnement dans lequel il évolue.

LES CARBURANTS DE L'EFFORT

Selon la durée de l'effort et son intensité, le corps va utiliser différents types de carburants pour produire de l'énergie. Un peu comme si vous aviez plusieurs sources de carburants distincts pour votre voiture (essence, diesel, électrique). Ils sont tous utilisés en même temps avec des répartitions variables, selon le type de trajets (conduite en ville, sur autoroute, etc.).

- Pour les efforts très courts et intenses (sprints, musculation), c'est la créatine phosphate qui permet une production d'énergie rapide. Ce carburant est disponible en petite quantité au niveau des muscles. Le stock se régénère seul et l'alimentation n'a pas d'impact majeur.
- Pour les efforts allant au-delà de ces quelques secondes, ce sont les glucides et les acides gras qui sont les carburants principaux.
  - Le glucose provient de la digestion des glucides que l'on retrouve dans les féculents, les fruits, etc. Lorsque le glucose apporté par l'alimentation n'est pas utilisé tout de suite, il est stocké sous forme de glycogène au niveau des muscles et du foie. Avoir un bon stock de glycogène est essentiel pour les activités d'intensité élevée. Un épuisement du stock de glycogène

est corrélé à une fatigue et une baisse des performances au cours de l'effort.
- Les acides gras proviennent de la digestion des lipides. S'ils sont moins facilement disponibles et moins efficaces que le glucose, ils sont presque illimités. Ce carburant est plus utilisé pour les efforts modérés et longs (lorsque le glycogène s'épuise).
- Les acides aminés sont les constituants des protéines. S'ils n'ont pas pour vocation d'être une source de carburant, il peut arriver, en dernier recours, lorsque le corps n'a plus suffisamment de glycogène, que les protéines musculaires soient dégradées pour en faire de l'énergie.

Bien que ce ne soit pas le sujet ici, les mécanismes évoqués peuvent laisser à penser que s'entraîner à jeun peut favoriser une perte de poids du fait d'une utilisation plus importante des lipides. Les études sur le sujet montrent bien qu'il n'y a rien de miraculeux. C'est l'apport alimentaire de la journée tout entière qui compte.

INTÉRÊTS ET LIMITES DU SPORT À JEUN

Dans le sport, ce sont les stress au sens large qui font progresser. Appliquer au corps des contraintes alimentaires en s'entraînant à jeun ou bien en consommant des glucides quelques heures après l'entraînement (récupération glucidique retardée) a pour but de faciliter l'utilisation des réserves lipidiques. Les réserves en glycogène étant basses, le corps doit s'habituer à utiliser plus facilement les acides gras. À terme, on peut espérer pouvoir préserver les réserves en glycogène plus longtemps et donc retarder l'apparition de la fatigue.

Contrairement au sportif, il ne s'agit pas ici de gagner en performance mais plutôt d'habituer son corps aux contraintes du terrain, à savoir : ne pas pouvoir manger toutes les trois ou quatre heures un repas couvrant les besoins énergétiques du corps.

Puisqu'il s'agit d'un stress, il va sans dire qu'il faut être prudent et appliquer quelques règles de bon sens, sans quoi l'organisme ne pourra s'adapter. En multipliant trop de contraintes, vous maximisez vos chances de blessures !

EN PRATIQUE

- Mieux vaut être progressif et fonctionner par étapes. Réserver les séances à jeun aux sessions d'endurance. L'intérêt n'est pas démontré sur des efforts mettant en jeu la créatine phosphate.
- Pour les non-initiés, la fréquence d'entraînement à jeun ne doit pas être supérieure à une fois par semaine.
- Prenez en compte la charge globale de travail. Si vous vous sentez fatigué, n'insistez pas. Vous y reviendrez plus tard !
- Prévoir une boisson sucrée ou une collation. L'abaissement des réserves en glycogène oblige le corps à utiliser le glucose sanguin pouvant causer une hypoglycémie. Auquel cas, consommer immédiatement un produit sucré permettra d'éviter le malaise.

- Après l'entraînement à jeun, consommer un petit déjeuner. Il ne s'agit pas d'avoir un apport calorique diminué sur la journée, mais de reporter les quantités sur les autres repas. Un petit déjeuner idéal comprendra un fruit, des céréales ainsi que des protéines.

Pour terminer, il est important de bien distinguer l'entraînement du passage des tests ou de la réalité du terrain. Tout comme il ne vous sera pas conseillé d'arriver aux tests ou sur le terrain avec un historique de nuits blanches, il ne vous sera pas conseillé non plus d'arriver à jeun, à moins bien sûr que cela ne soit votre habitude depuis longtemps. Quoi qu'il en soit, n'innovez pas !

TÉMOIGNAGE 11

ROMAIN, 1ER RÉGIMENT DE PARACHUTISTES D'INFANTERIE DE MARINE (1ER RPIMA)

« Ah, ah, ah ! Toi, le cancre,
tu n'as rien pour réussir dans la vie »

Automne 2018. Je suis en surveillance, patiemment assis sur le patin d'un Caracal, hélicoptère de combat, en attente du « vert action » pour notre assaut vertical sur une zone de conflit dans le désert malien !

Dans mon esprit, je répète (« drill ») notre schéma tactique durant tout le vol afin de ne pas louper mon travail au moment de la descente aux enfers, car je serai le premier à poser pied à terre afin d'appuyer la mise en place de mon groupe action. C'est alors que deux grosses explosions éclatent à environ quelques kilomètres de notre position et me sortent immédiatement de ma méditation. L'engagement au combat est lancé face à un gros groupe armé terroriste, plus question de reculer à présent car la ligne de non-retour a été franchie.

La mission est claire : « Réduction de résistance isolée », alors qu'un des leaders du réseau de l'État islamique est sur zone, ce qui signifie par conséquent que les combats, et la nuit, risquent d'être très violents et très longs. Nous sommes, à ce point, conscients du risque et de l'ampleur autant que de l'enjeu de cette mission, je vais même jusqu'à douter de voir le jour se lever.

Ça y est, nous passons l'armement individuel en stade de combat ; l'hélicoptère Tigre en stationnaire fixe et tire sur le pick-up tandis que notre « troisième homme » applique des tirs à son tour pour couvrir notre posé hélico – dernier regard complice et clin d'œil en direction de mes frères d'armes avant que les roues de la machine ne touchent le sol. Je progresse en sprint, me poste et m'allonge en rafalant en direction de l'ennemi. C'est au petit jour en enjambant les corps meurtris encore chauds de nos ennemis que me vient cette question :

mais qu'est-ce que je fous là et surtout comment en suis-je arrivé là ?

J'ÉTAIS CE PETIT BLANC MAIGRICHON

Enfant expatrié issu de deux familles aux cultures totalement différentes, mes parents m'ont mis au monde le 4 juillet 1989 à Abidjan dans la commune de Marcory en Côte d'Ivoire. Mon père, pied-noir espagnol, est né à Casablanca dans les années 1950 et ma mère, ivoirienne de sang, m'attendait pour le jour de la fête d'Indépendance des États-Unis d'Amérique, qui plus est, l'année du bicentenaire. Ma naissance a été un événement prématuré, à croire que j'étais destiné à l'effet de surprise dès mon premier souffle.

Effet de surprise et être toujours là où on ne m'attendrait pas sont, en d'autres termes, ce qui qualifie un bon commando !

J'ai grandi en ayant toujours connu mes parents divorcés, en me retrouvant parfois au centre de conflits d'intérêts qui ont laissé un sacré désordre dans ma vie émotionnelle, mais que j'ai su tourner à mon avantage avec le temps, en ayant bien appris la leçon de vie qui dit que chaque impasse présente potentiellement une issue, c'est à vous de mettre le doigt dessus et, croyez-moi, personne ne s'en chargera votre place !

Je suis le deuxième d'une famille recomposée de six enfants, ma sœur étant l'aînée et partie tôt de la maison, j'étais donc indirectement le plus ancien par rapport à mes quatre autres frères. Il me revenait le rôle d'exemplarité mais j'ai eu peine à l'appliquer car j'ai toujours eu à tendance à me désintéresser des responsabilités qui ne m'apportaient aucune satisfaction. J'étais plus à penser à ma petite personne, entraînant souvent mes frangins dans mes bêtises au nombre incalculable. C'est dès cette période-là que j'ai pu constater que chaque acte entraînait des conséquences. J'avais le pouvoir d'influencer leurs comportements, j'étais donc le leader de la bêtise que tous suivaient, mais un leader quand même ! J'avais un esprit très imaginatif, et quand j'avais une idée en tête, il était quasi impossible de m'en détourner, de telle sorte que, lorsque je me retrouvais parfois en groupe, j'avais une telle force de proposition que ça en devenait dérangeant pour les autres enfants qui souhaitaient à leur tour imposer leurs propres idées et suivre leurs propres règles du jeu. J'étais donc très vite mis à l'écart et isolé !

À savoir que plus vous mettez quelqu'un à l'écart plus il aura tendance à s'éloigner de votre réalité ! Ce fut mon cas, petit à petit, année après année, me retranchant de plus en plus au profond de moi-même, j'allais rentrer en guerre avec le monde entier ! On m'a souvent rabâché tout jeune que l'ignorance était la meilleure des armes face au mépris, mais je vivais hélas dans une société où la loi du plus fort régnait en maître. J'ai donc modifié mon plan d'action et opté pour la loi suivante : « La meilleure des défenses, c'est l'attaque. » C'est à cet instant que m'est venu le goût pour la compétition et le challenge, chercher le moyen de prouver ma vaillance et canaliser ma colère face à tous ceux qui me rejetaient et me pointaient du doigt.

Ça n'a pas été facile, et du fait aussi que je vivais deux vies en une : d'un côté, j'étais ce petit blanc maigrichon qu'on appelait au quartier « Petit Toubabou Flékai », ce qui veut dire en noussi (dialecte maternel), « petit blanc tout maigre » ; et de l'autre côté, l'on me surnommait « le villageois ».

JE VIVAIS EN BROUSSE CHEZ MA MÈRE

Mes parents se partageaient ma garde et je vivais d'un côté dans un quartier limitrophe de la brousse africaine avec peu de moyens. L'accès à l'eau courante et l'électricité était un luxe qui nous échappait souvent ! Malgré tous ses petits boulots, ma mère a fait du mieux qu'elle pouvait pour faire en sorte que nous ne manquions de rien, mes frangins et moi-même. De plus nous avions la plus belle des richesses car nous étions libres de manœuvrer comme bon nous semblait. Nous allions où nous le voulions et quand nous le voulions à travers la brousse et les quartiers populaires de Côte d'Ivoire. C'est bien des années plus tard, une fois adulte et engagé volontaire dans l'Armée française que j'ai appris à connaître la véritable identité de mon beau-père, et, lorsque je vous disais plus en amont que le hasard fait bien les choses, vous constaterez que les coïncidences étaient bien au rendez-vous ! Il s'avérait que mon beau-père était militaire, lui aussi, à l'époque où il avait fait la rencontre de ma mère. Il était détaché en mission de courte durée en RCI (République de Côte d'Ivoire). Il appartenait lui aussi au 1er RPIMa, chose que j'ai sue bien des années plus tard lors de mon recrutement dans cette même unité ! Le seul souvenir que j'ai de lui à cette époque est celui d'un homme vaillant, attentionné et bienveillant, avec un grand instinct protecteur.

Parmi les images qui me reviennent, si je devais faire son portrait, j'ai le souvenir d'une photo en uniforme ainsi que le souvenir d'un béret amarante posé sur un cadre dans ma maison d'enfance. Si ce n'était pas la plus belle des surprises et une belle coïncidence, j'appellerais plutôt ça un ancrage et un bon stimulus du subconscient !

De l'autre côté de la ville, chez mon père, dans les quartiers d'expatriés et un peu plus branchés, j'ai été élevé en majeure partie par ma nourrice, Yvette, car mon père, éternel dévoué à son travail d'entrepreneur, n'était pas souvent présent ! C'est en effet bien des années plus tard que j'ai compris son sacrifice, toutes les responsabilités auxquelles il s'était confronté durant toute sa vie ainsi que les innombrables prises de risques au quotidien afin de nous mettre à l'abri, mes frères et moi.

Tout le contraire et à l'opposé des libertés dont je jouissais lorsque je vivais en brousse chez ma mère, j'évoluais de ce côté-là avec des « lima », limites permanentes, ce que j'ai pris pendant tant d'années pour de la tyrannie n'était qu'en réalité un moyen de nous préserver et de nous tenir éloignés des risques que représentait l'éducation à l'européenne en tant qu'enfants expatriés à l'étranger. Il nous a mis à l'écart de cette communauté d'enfants capricieux qu'est la jeunesse dorée d'Abidjan afin de préserver nos valeurs familiales.

Il a su faire preuve de courage à son tour car la Côte d'Ivoire est un beau pays mais instable en raison de nombreuses guerres civiles et prises de pouvoir politique.

C'est à l'âge de 24 ans que j'ai pu apprendre à bien le connaître au cours de nos échanges humains et multiples conversations entre adultes qui se respectent. Je vois une drôle de coïncidence lorsque je vais vous confier que jamais mon père ne s'est adressé à moi comme s'il parlait à son fils, mais plutôt comme un patron responsable qui a le devoir de transmettre à son subordonné. Ce type d'échange s'est présenté lors d'une de mes premières missions lorsque j'étais de retour pour travailler au profit de la présidence de mon pays natal – j'étais en effet chargé de former l'une des équipes de la garde rapprochée du président ivoirien !

Vient alors cette question : comment en suis-je arrivé là et quelles ont été les vraies raisons de mon engagement ?

LA VILLE ENCERCLÉE EN MOINS D'UNE HEURE

La violence faisait rage en cette période de Noël. En décembre 1999 éclate le premier coup d'État et le renversement du président de l'époque au pouvoir. Il s'agissait d'Henri Konan Bédié, renversé par son opposant, le général Robert Guéï. Je me dois de vous avertir, cher lecteur, âmes sensibles s'abstenir, car ce passage de ma vie reflète de la violence à l'état pur.

J'ai alors 10 ans et déjà j'assiste à mes premières scènes d'extrême violence. Le premier souvenir qui me vient immédiatement à l'esprit est d'entendre des rafales de tir en bruit de fond par-dessus les musiques de Noël du centre commercial où je me trouvais avec mes cousins et ma tante pour les achats de Noël.

La panique gagne très vite chacun d'entre nous, et quoi de plus marquant que de constater le visage apeuré, plein d'incertitude, de vos aînés ? Cela n'a pas de quoi vous rassurer tandis que le chaos et les premiers débordements prennent de vitesse la ville, qui fut encerclée en moins d'une heure.

Une heure, c'est à peu près le temps de route qui me séparait de mon camp de base à l'autre côté de la ville. Comment accéder au pont pour regagner le domicile de mon père ? Dans les rues, les *happy shooting*, la guerre faisait rage et les pillages commencèrent. Toute personne de couleur claire, pour ne pas dire blanche, était prise à partie par les assaillants et les pillards. Nous nous sommes précipités dans un taxi en chemin pour regagner, non loin de notre position, le restaurant que ma mère possédait en ce temps-là. Sur la route, nous avons fait face à un premier barrage avec des pneus incendiés où étaient emprisonnés deux hommes brûlant vif. Les tirs n'en finissaient plus et petit à petit, je m'enfonçais, chaque minute qui passait, de plus en plus, à l'arrière du taxi. La peur m'avait envahi et j'étais terrorisé mais tout autant conscient de la gravité de la situation : si je paniquais, c'était toute la sécurité des personnes qui m'entouraient qui était compromise…

À un moment, je me suis dit que tout le monde avait peur. Cet instant restera à vie et à jamais gravé dans ma mémoire. Alors que régnait le chaos autour de moi, j'ai su faire preuve de calme, de courage et de sang-froid. Ma mère, bien heureusement, avait de bonnes relations avec les autorités, ce qui m'a permis d'être évacué en toute sécurité de l'autre côté de la ville en taxi avec, à son bord, un homme armé d'une AK47, qui lui aussi faisait du *happy shooting* pour nous dégager le passage à travers les rues d'Abidjan. J'ai été rapatrié peu de jours plus tard, la plus belle décision de mon père à mon égard. Sinon je ne serais pas là aujourd'hui.

J'ÉTAIS À DIX MILLE LIEUES D'IMAGINER CE QUI M'ATTENDAIT À CET INSTANT

J'ai donc entre 10 et 11 ans et me voici en France. Mon arrivée à La Rochelle dans la famille de ma belle-mère fut très compliquée pour trouver ma place. Les coutumes étaient totalement différentes de l'Afrique. Enfant turbulent et indiscipliné, je commençais à rentrer dans un semblant de droit chemin en faisant le lycée hôtelier, et à mettre un pied dans le monde de la vie active et professionnelle. Je voulais très rapidement mon indépendance et être libre de mes choix. C'est à cette période, après mon premier diplôme, CAP en restauration gastronomique, que j'ai eu mon premier contact avec le monde militaire. En effet, un jour, un stand de campagne de recrutement pour la Légion étrangère s'est présenté au lycée. L'idée de m'engager m'est apparue et c'est sur cet élan que j'ai frappé à la porte de ma directrice pour lui annoncer que je quittais ma licence en mention complémentaire « mixologie ». Sur le chemin, après avoir vidé mon casier et pris la direction du bureau de ma directrice, il me vient deux choses à l'esprit :

– l'image de ces soldats français en pleine zone de conflit en Côte d'Ivoire opérant, lorsque j'étais plus jeune, pour aider les ressortissants à échapper à la guerre civile ;
– et ma petite voix intérieure qui me chuchotait : « Vas-y, la jeunesse est un risque à prendre », et j'ai foncé vers son bureau.

Je suis assis en face de la doyenne du bahut, et la colère me gagne lorsqu'elle rit aux éclats, me certifiant que je n'ai rien à faire à l'armée, que je n'en ai pas les capacités, faisant référence à mes problèmes de discipline ! Je sortis du bureau noir de colère, ce qui anima d'autant plus ma décision. Le soir, même réaction à la maison face à mes parents qui rigolaient, en jurant par tous les dieux que jamais je ne tiendrais plus de deux semaines, ce qui renforça ma détermination. À cet instant, j'avais pour seul mot d'ordre de réussir à tout prix afin que ma réussite soit la plus belle de mes reparties et ce, dans le plus grand des silences. Le conseil que je vous donne est de toujours réaliser vos projets en silence car le résultat parlera de lui-même avec le temps. Nombreuses sont les personnes qui ne croient pas en vous, nombreuses sont ces personnes trop lâches face à leurs ambitions, qui vous dissuaderont de réaliser les vôtres ! Suivez toujours votre instinct et battez-vous.

Me voilà à ma préparation qui m'a pris plus d'un an, dans laquelle je m'entraînais seul dans mon coin, effectuant des sorties nocturnes pour m'entraîner durement dans tous les domaines : course à pied lesté, renforcement musculaire, etc.

Je me suis mis en place des routines d'entraînements intenses et solides, suivies de deux préparations militaires. La première fut au sein du 515e régiment du train, en PM découverte, et la seconde, au 126e RI, en PM commando, ce qui confirma mon désir de m'engager.

Au CIRFA de ma région, à mon époque, les recrutements en direct pour le prestigieux 1er RPIMa de Bayonne étaient inaccessibles. C'est bien après avoir fait mes recherches sur les différentes unités parachutistes que j'ai eu le choix de signer un contrat en tant que volontaire dans l'armée de terre (VDAT) au 3e RPIMa pour faire un essai d'un an. Dans cette même année, j'ai resigné un contrat d'engagé volontaire (EVAT) afin de pouvoir avoir le lien en service nécessaire pour partir vers ma première mission en Afghanistan, et j'étais à dix mille lieues de m'imaginer ce qui m'attendait à cet instant.

UNE MARCHE DE 100 KM POUR VALIDER NOTRE ENTRÉE

Les classes ont été une étape cruciale qui a littéralement changé ma vie en tout point. Que ce soit sur le plan physique ou psychologique, je ne compte pas le nombre de fois où j'ai failli lâcher prise durant cette période de six mois, mais mon ego s'en est mêlé et c'est aussi grâce aux copains que j'ai tenu bon, jusqu'à prendre conscience de mon plein potentiel. Merci à mes frères d'armes qui ont su faire preuve d'une grande cohésion afin d'aller au bout de toutes ces épreuves journalières. Entre la pression quotidienne, l'épuisement physique et mental, nous appartenions en effet à la dernière génération de formation et formatage militaire à l'ancienne. Les cadres avaient carte blanche, je vous laisse imaginer comment ils s'en sont donné à cœur joie pour nous mener la vie dure ! Provocations, humiliations, réprimandes, bizutages, tout était au rendez-vous pour nous endurcir mentalement. Mais je vous fais part d'un temps où une autre forme de pédagogie s'appliquait encore !

La clôture des classes s'est faite avec l'épreuve de fourragère, où nous avons dû effectuer un rallye d'atelier avec une marche de 100 km pour valider notre entrée en unité. Cette épreuve m'a permis d'accéder au stage commando de mon régiment où j'ai terminé major de promotion. Une première victoire pour moi car j'avais pu, dans un premier temps, délier les langues autour de moi et choisir ma spécialité une fois en unité, car je voulais être tireur d'élite. Une dizaine d'années me sépare de cette belle aventure et j'aurais tellement de détails à vous révéler que ces quelques lignes ne suffiraient pas. Mais du peu que je puisse partager avec vous, je peux vous affirmer que cette aventure vaut le détour et méritait d'être vécue. Vous n'avez aucune idée de ce que le corps humain est capable de réaliser comme exploit, que lorsque vous êtes mis plus bas que terre, épuisé au-delà des limites, sans répit, tout était décuplé, avec un apprentissage de connaissances et un savoir-faire hors du commun. Le tout en un temps très court, car six mois de formation passent très, très vite.

Durant cinq années, les missions se sont enchaînées, dont la première en Afghanistan en 2008-2009, avec mon baptême du feu. À mon retour, tout avait changé, mes proches m'ont à peine reconnu, car j'étais devenu quelqu'un d'autre. La guerre a ce pouvoir de changer un homme dans ses moindres détails. Mais mon ambition ne s'arrêtait pas là, j'en voulais plus et c'était un des premiers effets secondaires de cette drogue : l'auto-défi !

Au bout de ma cinquième année dans l'Institution, j'entamais mon cursus dans les forces spéciales et commençait alors le premier jour de ma nouvelle vie !

8 À 10 KM AVEC UN SAC DE 70 KG

J'ai eu l'opportunité de suivre une carrière très enrichissante dans un univers exceptionnel qu'est celui des forces spéciales, un univers où la soif de connaissance et de compétence prend le dessus et devient addictive. La curiosité l'emporte haut la main sur la sédentarité, mais pas de place au repos. On ne doit pas rester sur ses acquis : on vous fait très vite comprendre que, à Bayonne, rien n'est acquis car tout est perfectible. On vous formate dès les débuts puis cela devient un mode de vie à part entière, à la recherche constante de la perfection et toujours à l'affût, dans le souci du moindre détail qui fera la différence. En d'autres termes, c'est ce qui sépare le monde de l'élite de celui de la conventionnelle !

Ma sélection et ma formation SAS, autrefois appelée RAPAS, après analyse, furent très longues et intenses, découpées en plusieurs tronçons éliminatoires. J'ai le souvenir d'en avoir bavé et, pour être honnête avec vous, j'ai plus ramassé lors de mon module URH que lors de mon premier niveau commando, mais le jeu en valait la chandelle. J'ai failli à plusieurs reprises baisser les bras mais mon ego s'en est encore mêlé et il était pour moi hors de question de me voir échouer si près de mon but ultime. Ce n'est pas tant la pression que l'on peut vous imposer lorsque vous êtes jeune soldat qui est terrible, mais une tout autre forme de pression. C'est plus le rythme d'apprentissage qui vous épuise par pression psychologique que la fatigue physique en elle-même, car durant dix mois, vous emmagasinez un nombre incalculable de données toutes aussi importantes les unes que les autres, c'est le métier qui l'exige. Votre survie et celle de votre camarade dépendront de votre capacité à restituer, et je peux vous assurer que, pour une personne consciencieuse, c'est une très lourde responsabilité. La pression, c'est vous-même qui vous la mettrez, car je peux vous affirmer que votre pire ennemi dans ce monde restera vous-même. Dans le monde des forces spéciales, il y a peu de place à l'erreur, pour ne pas dire « aucune place à l'erreur ». Je vous passerai les détails de ma formation mais, de ce que je suis autorisé à vous raconter, j'ai souvenir des sorties terrains de quatre à cinq jours en plein froid de décembre, avec des marches de 8 à 10 km, équipé d'un sac de 70 kg sur le dos, à creuser toute la journée. Nous le faisions à tour de rôle entre deux surveillances, afin de s'enterrer complètement avant la tombée de la nuit dans le but de préparer des infiltrations et des phases de renseignements avant action. Le corps humain est une super machine qui s'adapte très vite et très bien à son environnement si le moral et le mental le lui ordonnent. Chose que j'ai très vite acquise, afin de garder un moral positif en tous lieux et tout temps. Ma progression a continué, en arrivant à la fin de mon cursus avec un titre de major de promotion au stage commando premier niveau. Mon arrivée en unité s'est déroulée dans le plus grand calme, puisque le groupe que j'intégrais était en mandat Task Force, déployé en Afghanistan. Cela m'a permis de me familiariser avec la citadelle de Bayonne en suivant mes premières formations de spécialisation, que j'ai pu passer en leur absence – car lorsque vous n'êtes pas en mission, vous êtes soit en formation de spécialisation, soit en exercice. Vous l'aurez compris, le monde de l'élite laisse peu de place au repos, que ce soit pour le corps comme pour l'intellect ! Spécialisé dans le contre-terrorisme, mon groupe avait la particularité d'être expert dans la maîtrise en eau de surface, c'est-à-dire que nous maîtrisions les vecteurs de mise en place EFR (embarcation fluviale rapide). J'ai gravité dans un monde où il vous arrive très vite d'endosser de très grosses responsabilités, que ce soit sur le plan matériel ou sur le plan humain. C'est pourquoi la formation est si sélective et il y a tellement de procédures à apprendre que ça en donnait parfois le tournis. Mais en vérité, ça ne serait pas un métier d'exception s'il n'y avait pas d'exception à la règle. Malgré toutes ces règles et procédure, nous bénéficions d'une très grande liberté de manœuvre, ce qui m'a permis de me démarquer des autres afin d'évoluer très rapidement, en enchaînant les missions les unes après les autres, tout en réussissant à me faire une place parmi ces hommes d'élite très convoités. Le tout en gardant en mémoire cette phrase que m'avait dite un jour une de mes professeures de CM2 qui riait aux éclats en m'humiliant devant toute la classe au tableau : « Ah, ah, ah ! Toi, le cancre, tu n'as rien pour réussir dans la vie ! »

Focus

PAUSE NUTRITION ET SOMMEIL

Par Sabine, nutritionniste diététicienne

Il suffit d'avoir au moins une fois ressenti un besoin irrépressible de dormir après un repas pour se convaincre du lien entre l'alimentation et le sommeil. Si l'interaction entre les deux est complexe et reste en partie à comprendre, elle fait partie du panel d'actions préventives possibles pour lutter contre la fatigue et préserver la santé et les performances des militaires en opérations.

LES EFFETS DES GLUCIDES SUR LE SOMMEIL ET LA VIGILANCE

Une alimentation composée principalement de glucides, qu'ils soient simples (sucre, biscuits, jus de fruit, sodas) ou complexes (riz, pâtes, pain), permet tout d'abord d'observer une augmentation de la durée du **sommeil lent**. Cette phase de sommeil permet le **repos du corps et du cerveau** : l'activité cérébrale et le tonus musculaire diminuent tandis qu'est synthétisée l'hormone de croissance utile à la réparation musculaire.

La consommation de ces glucides provoquerait également l'apparition **de sensations subjectives de fatigue dans un délai allant de trente à soixante minutes après l'ingestion** lorsque l'individu est **au repos**. Délétères sur le terrain, ces sensations de fatigue ne dépendraient, en réalité, pas directement de la présence de glucides dans le repas, mais plutôt, de l'état des réserves de l'organisme.

Les glucides étant le carburant privilégié du corps, les réserves, sous forme de « glycogène » sont stockées au niveau du foie et des muscles. **Lors d'un effort physique**, les réserves s'abaissent et la vigilance décroît. Dans ce contexte, la prise de glucides permet de **maintenir une meilleure vigilance**.

Aussi, la consommation de **glucides peut agir à la fois sur l'abaissement ou le maintien de la vigilance** dépendant de l'état des réserves du corps, mais aussi du moment choisi pour les consommer. Particulièrement utiles pendant l'action, ils ne sont pas à privilégier lorsqu'on cherche à maintenir un éveil et que la fatigue se fait sentir.

LES EFFETS DES PROTÉINES SUR LE SOMMEIL ET LA VIGILANCE

Une alimentation qui privilégie **les protéines** augmente quant à elle la durée du sommeil paradoxal. Pendant cette phase du sommeil, le corps est au repos, mais le cerveau est en éveil. Cette phase est impliquée dans les processus de récupération, d'apprentissages et de mémorisation.

Outre son action sur le sommeil, la consommation de protéines, et plus particulièrement d'acides aminés « branchés », semble **permettre de maintenir de meilleures performances mentales chez les sujets fatigués.** Les acides aminés branchés (dit aussi BCAA) sont des fractions de protéines composées de leucine, d'isoleucine et de la valine que l'on peut retrouver dans des aliments riches en protéines comme le fromage, la viande séchée, les oléagineux (amandes, noisettes), les œufs, les légumineuses, etc.

LES EFFETS DU MANQUE DE SOMMEIL SUR LES COMPORTEMENTS ALIMENTAIRES

Si l'alimentation peut agir sur le sommeil, des restrictions répétées peuvent altérer les mécanismes régulant l'apport énergétique. On sait par exemple que le manque de sommeil stimule la production de l'hormone de la faim (la ghréline), et abaisse la production de l'hormone de la satiété (la leptine). Ayant du mal à se sentir rassasié, il devient difficile de mettre un terme à la prise alimentaire. L'appétit se décuple alors spontanément pour des aliments riches en graisse et en sucre.

Pour les opérateurs sur le terrain, la réalité peut-être très différente du fait d'efforts intenses et répétés. L'exercice est alors associé à une perte de la sensation de faim qui peut perdurer sur plusieurs semaines. Les apports énergétiques ne permettent plus de compenser les pertes et entraînent souvent une perte de poids. Les rations sont d'ailleurs régulièrement remises en question par les services des armées pour satisfaire au mieux les besoins des opérationnels.

EN PRATIQUE

- **Pour aider à maintenir la vigilance :**
  - **Si vous êtes actif physiquement** (marche nocturne, course à pied, etc.) : **utiliser des glucides simples** pour minimiser les effets d'une réserve en glycogène trop basse qui pourrait générer un état de fatigue. Mieux vaut les consommer régulièrement et en petites quantités (exemple : fruits séchés, pâtes de fruits, galettes de riz, barres chocolatées, boissons de l'effort, etc.).
  - **Si vous êtes statique** (surveillance, etc.) : **privilégier des aliments contenant des protéines** et des glucides complexes, en plus petites quantités, afin de limiter la somnolence (exemple : barres de céréales avec des oléagineux ou poudre de lait, viande séchée et crackers, fromage blanc avec muesli, etc.).
  - **Manger régulièrement** (toutes les 4 heures) et éviter les repas trop copieux.
  - **Soigner l'hydratation.**

- **Pour favoriser un sommeil de qualité :**
  - **Privilégier la prise de glucides complexes**. Les glucides permettront par la même occasion la resynthèse des réserves en glycogène du corps après l'effort.

- **Manger léger.** Éviter les repas du soir trop lourds et trop riches en lipides qui retardent l'endormissement et peuvent favoriser les reflux acides.
- **Éviter les excitants**. L'alcool, la nicotine, le thé ou le café qui peuvent perturber l'endormissement.

TÉMOIGNAGE 12

SEB, COMMANDO HUBERT, NAGEUR DE COMBAT

« Les coups de feu retentissent, l'ETRACO fonce vers le voilier »

Nous sommes en avril, je suis en période de saut dans le sud de la France, une magnifique semaine s'annonce pour sauter. À la fin de la semaine, c'est les permissions.

Il est 7 heures du matin, nous sommes sur zone, on prépare le matériel de saut, on discute, on se chambre comme d'hab', quand soudain le responsable TAP (troupes aéroportées) arrive vers nous : « Allez les gars, on remballe, direction le commando. » On se regarde tous d'un air étonné, chacun se pose beaucoup de questions, mais, ni une ni deux, on s'exécute au plus vite pour ne pas perdre de temps.

Arrivés au commando, le commandant nous attend et nous réunit pour nous exposer ce qui se passe : « Messieurs, il y a un voilier qui a été pris en otage, à bord, il y a trois Français. Le groupe CTLO (B), préparez le matériel d'intervention et de plongée, les TE aussi. On part pour Djibouti ce soir. »

Je ne pense même plus à cette fin de semaine où je devais rentrer chez moi retrouver ma famille pour une semaine. La joie, l'excitation de partir, faire mon travail, a pris toute la place. Tout le monde part préparer son matériel – il en faut beaucoup, l'air de rien, entre les armes, les appareils de plongée, les munitions, les gilets pare-balles, etc. Surtout que cela doit tenir dans une caisse et pas plus. Et oui, dans une caisse, car nous allons être parachutés en mer. Nous serons tous mis en place en saut automatique à la mer. Entre-temps, j'appelle mon épouse pour lui dire que je ne serai pas en permission la semaine prochaine sans m'étendre sur le sujet, de toute façon les médias s'en chargeront, et elle comprendra plus tard dans la semaine.

Les caisses sont fermées, direction l'aéroport où le Transall (avion de transport de personnel et matériel qui permet aussi le parachutage) nous attend pour nous emmener vers Djibouti. Pendant le vol, nous recevons des informations sur le voilier, ainsi que sur les otages et les Tangos (terroristes, pirates). À partir de là, les questions fusent : Combien d'otages ? Combien de Tangos ? La taille du voilier ? On étudie différents modes opératoires pour que l'intervention se déroule au mieux. Notre chef désigne les opérateurs qui feront partie de l'assaut et j'en suis. Quelle fierté ! Les sentiments se mélangent dans ma tête : joie, stress, peur de ne pas accomplir correctement la mission. Et je me dis : « Tu t'entraînes pour vivre ces moments-là. »

Nous arrivons très tard le soir à Djibouti et terminons de préparer les caisses en les équipant de parachutes de charge. Dans mes souvenirs, nous avons décollé au petit matin pour un vol de deux heures, durant lequel nous nous sommes équipés pour sauter.

À un moment, les largueurs se lèvent, se vérifient entre eux, nous donnent l'ordre de nous équiper, nous vérifient et ouvrent les portes du Transall. Le stick est prêt, le rouge est allumé, un premier passage pour les caisses puis un deuxième pour nous, quand la lumière est passée au vert, je me suis dit « on y est » ! Je sors de l'avion pour me retrouver au-dessus de cette immensité bleue qu'est l'océan Indien.

L'équipage de la frégate nous récupère ; une fois à bord, on nous montre nos quartiers. On déconditionne nos caisses, vérifie le matériel pour voir s'il n'y a pas eu de casse lors du largage.

Le lendemain matin, briefing de la situation à bord du voilier. Les otages sont cinq et pas trois, les Tangos sont cinq aussi, et on se retrouve donc avec dix personnes sur un voilier de douze mètres de long et trois de large, la donne n'est pas la même. Du coup, on réfléchit encore à d'autres options pour l'intervention, en commençant par la négociation, la neutralisation à l'aide des TE, effectuer une plongée, etc. Intervenir sur un voilier de douze mètres à dix, sachant qu'ils sont aussi dix à bord, n'est pas commun et surtout complexe au vu de l'espace très confiné.

Nous avons étudié toutes les possibilités et, une fois les modes d'action validés, nous avons désigné le rôle de chacun. Je me revois préparer mon matériel minutieusement en me répétant les différents scénarios, l'envie d'en découdre m'envahit. J'ai hâte d'y aller mais il faudra être patient car ce n'est pas pour aujourd'hui. Les négociations sont encore en cours.

Deux jours que nous sommes arrivés sur la frégate, le soleil est au zénith, il tombe du feu et les dix gars de l'équipe patientent dans l'embarcation rapide (ETRACO) en attendant l'ordre de mener l'assaut. On n'aurait pas refusé une bière bien fraîche, mais ça, ce sera après l'action – je peux vous dire qu'il fait bien chaud quand on est équipé comme un porte-avions. On a le temps de cogiter quand on attend comme cela, moi je pensais à ma famille qui ne savait pas trop où j'étais, et surtout à l'assaut et à la manière dont j'allais monter à bord. Je me faisais mes propres films.

Dans l'après-midi, les TE tirent dans la mâture pour faire affaler les voiles et aussi pour leur montrer que nous montons en puissance car les négociations avaient échoué.

Le troisième jour, le commandant vient nous voir et nous dit : « Ce soir vous êtes à bord, vous allez mener l'assaut », là j'ai l'impression de me transformer en super-héros, ça va être à nous de jouer et il faudra être à la hauteur.

17 h 00, on entend à la radio le décompte des TE : 3, 2, 1, les coups de feu retentissent, l'ETRACO fonce vers le voilier, les TE confirment deux Tangos neutralisés à la radio, l'ETRACO rentre en contact du voilier et je saute à bord avec un autre équipier. On se resserre, on est prêts à entrer à l'intérieur. L'adrénaline a rempli mon corps.

J'attends le pincement pour pénétrer dans le bateau. Ces secondes d'attente sont très longues. Je suis focalisé sur mon objectif : « Aller à l'arrière du voilier pour sortir les trois otages », quoi qu'il en coûte. On était cinq à rentrer et les cinq autres sortaient les deux otages qui étaient à l'avant.

Enfin le pincement arrive, les fauves sont lâchés, je peux pénétrer à l'intérieur du voilier avec le fameux effet tunnel. En rentrant, un des Tangos se couche et se cache sous une banquette, il sera sorti par l'équipe qui est entrée par-devant. De mon côté, arrivé à l'arrière, nous identifions et sortons les otages.

J'ai eu la chance de vivre cette expérience en rentrant dans les commandos marine avec pour objectif d'être un jour nageur de combat. Rêve que j'ai réalisé et, comme dit Eleonor Roosevelt, « le futur appartient à ceux qui croient à la beauté de leurs rêves ».

MA PREMIÈRE DÉCEPTION, JE N'AVAIS PAS ÉTÉ PRIS

Enfant, je voulais être militaire ou pompier, un classique pour un garçon de mon époque. Jeune, j'étais assez indépendant et, de parents divorcés, j'avais envie de quitter au plus vite le cocon familial.

En troisième, on me demanda de choisir un stage, je suis allé dans la caserne la plus proche me renseigner sur la possibilité d'effectuer un stage chez eux pour découvrir le métier de militaire. À l'époque, j'ai eu un non catégorique, l'armée ne s'ouvrait pas au monde civil comme aujourd'hui, surtout parce que le service militaire existait encore. Mais l'adjudant-chef qui me reçut me demanda si un lycée militaire m'intéressait, je le laissai m'expliquer la formation qu'il fallait suivre pour passer le concours et le tentais l'année d'après. Ma première déception : je n'avais pas été pris et je ressentis une certaine amertume car je ne m'étais pas assez investi dans ce projet.

Donc je continuais ma scolarité pour passer un bac STI (sciences techniques industrielles) génie mécanique, c'est l'ancien bac F1, pas celui pour bosser sur les circuits en formule 1, mais pour devenir tourneur-fraiseur. L'année de mon bac, je m'étais inscrit pour faire une préparation militaire marine. Cela m'a permis de voir les différents métiers de la Marine nationale – pour une personne qui ne sait pas quoi faire et qui veut découvrir l'Institution, je la conseille fortement. Pendant cette période, je passai une semaine bloqué à Toulon. J'avais un instructeur qui était un ancien commando marine et nageur de combat ; je me souviens, lors d'une séance de tir à Saint-Mandrier, il vint me voir et me dit : « Cela t'intéresse de voir les commandos ? »

Mon corps se remplit de joie et de peur, car je me souviens d'un matin où je regardais le journal télévisé avant de partir au lycée et vis l'intervention des commandos à Mururoa sur le bateau de Greenpeace.

Nous partîmes tous les deux les voir, et je me trouvais au bord de l'eau quand je vis des gars sortir de l'eau sans un bruit. Mon instructeur me regarda et me dit : « Le chemin est long pour en arriver là, mais si tu veux faire cela, il faudra t'accrocher et ne jamais rien lâcher. »

À mon retour de Toulon, ma décision était prise, j'allais déposer un dossier de candidature pour la Marine nationale ; j'en parlai à mon instructeur, qui me donna les permanences du bureau de recrutement le plus proche. En avril, je franchis le seuil de ce fameux bureau pour avoir des informations sur la carrière de commandos marine.

En mai, je passai les tests, que je n'avais absolument pas préparés : français, maths, tests psychotechniques, électricité, et j'en oublie. Étant encore à l'école, je m'en suis bien sorti et, à la fin de journée, je me retrouvai devant le même gradé qui me redemanda si j'étais bien sûr de mon choix. Je confirmai, à son grand désespoir... J'ai fini la préparation militaire si fier, c'était une première victoire mais il restait encore le bac, que j'ai heureusement eu en juin.

SI JE ME RELÂCHAIS JE NE SERAIS PAS PERFORMANT

Septembre 1996, je suis parti du Sud pour mon premier voyage en TGV orange, la fierté de la SNCF. J'arrivai à Cherbourg en début de soirée, et là, tout le monde se regardait en chien de faïence, jusqu'à ce qu'un matelot sorte du bus et demande qui devait se rendre au centre d'instruction naval. Je me rendis compte que tous les gars qui attendaient devant la gare et que j'avais dévisagés faisaient partie du voyage.

Querqueville et son centre d'instruction naval : l'endroit où tous les jeunes engagés ou appelés découvraient les règles de l'armée. J'étais dans la section 51 compagnie 5 – en fait, la 51 et 52 étaient les sections pour les volontaires fusiliers marins.

Après huit semaines en Normandie, je me dirigeai vers Lorient, le fief des fusiliers marins et commandos, dans ma belle tenue de marin avec mon pompon, pour commencer mon brevet élémentaire de fusilier marin. J'ai souvenir de cette atmosphère qui me semblait austère, pas accueillante, et je compris très vite l'état d'esprit en franchissant le seuil de la porte, quand le maître principal de service s'exclama : « Donne-moi ta feuille de route, couilles de loup ! » Ce sera mon instructeur arme pour quatre mois ; je cherche encore aujourd'hui ce rapport que nous avons avec les animaux, suite aux expressions utilisées par mes instructeurs, du genre : testicules de chien enragé ; tétines de yack ; tête de chat ; bite de porc... j'en passe et des meilleures. Mais cela me faisait quand même rire, en toute honnêteté.

Après le brevet élémentaire, pendant lequel des affinités se sont créées, j'ai compris l'importance de l'amitié dans ce job, tout seul on n'est rien. J'ai fait mon stage commando en hiver, les nuits bretonnes étaient froides et très humides grâce à nos instructeurs qui savaient nous laisser en éveil si un de nos camarades avait fauté. Le lien dont je parlais précédemment est important, car vos camarades, vos amis, sont là pour vous aider, vous réconforter, vous motiver dans les moments plus difficiles. Pendant le stage, ce qui m'a le plus dérangé, c'était le froid car je n'aimais pas avoir le bas du treillis mouillé et je crois que j'avais acheté pas mal de bas pour pouvoir me changer souvent. J'ai eu du mal à lâcher prise dans les moments de calme pour me reposer pendant le stage, j'avais l'impression que si je me relâchais je ne serais pas performant.

COURS DE NATATION

J'ai reçu mon affectation d'après stage co, direction le commando de Penfentenyo, où j'arrivai à l'escouade « reconnaissance palmeur ». Comme tout bon jeune, j'ai fait ma présentation aux escouades en tenue bleue, et ce n'est pas top pour faire des tractions, ni pour le reste d'ailleurs, avec la vareuse.

J'ai eu des seconds maîtres qui se préparaient pour tenter les sélections du cours « nageur de combat » et, bien sûr, nous faisions la préparation physique avec eux, ce qui nous permettait de nous maintenir en forme aussi. J'ai vu des seconds maîtres super taillés, autant physiquement qu'intellectuellement, ne pas réussir les sélections. Cela me montra que plusieurs facteurs devaient rentrer en ligne de compte, comme l'intolérance à l'oxygène, les blessures (entorses, les oreilles qui ne passent pas, etc.). Je me questionnais quand même sur mes capacités à réussir les présélections. Pendant cette période, j'ai eu la chance d'avoir un chef de groupe qui était nageur de combat, ce qui nous permettait de toucher à peine du bout du doigt la façon dont travaillaient les nageurs.

Mais avant cela, j'ai dû retourner sur les bancs de l'école des fusiliers marins pour faire mon chef d'équipe fusiliers puis mon chef d'équipe commando. À la fin de ces parenthèses obligatoires, je retournai au commando de Penfentenyo dans la même escouade, ce qui pour moi était le groupe où il fallait être pour avoir les meilleurs savoir-faire afin de postuler au cours « nageur de combat » – ce qui, bien sûr, fut totalement faux.

Durant mon affectation comme chef d'équipe commando, j'ai suivi le cours « plongeur de bord », qui dure cinq semaines. La pression lors du cours fut importante car les futurs candidats au cours nageur sont très observés par les instructeurs, pour leurs comportements, la bonne réalisation des plongées, le classement, et tout un panel qui me fit comprendre que je n'étais pas là en vacances. Cette pression, j'ai dû la gérer en m'isolant pour me recentrer sur le but et l'importance de ce cours pour moi.

Pour le cours « plongeur », je me suis entraîné à la course à pied, l'apnée statique, mais je vous avoue que c'était un peu la découverte du monde subaquatique ; j'ai pris ce cours demi-journée par demi-journée. J'ai fini le cours « plongeur » en juillet et j'ai eu jusqu'en octobre pour me préparer aux sélections « nageur de combat ». Je ne savais toujours pas si mon dossier allait être retenu, mais je m'entraînais comme si j'étais sûr d'être pris.

Avec d'autres candidats, nous avons mis en place des journées pour plonger de jour et de nuit, avec de l'aide pour l'organisation des plongées. Aide précieuse de ce qu'on appelle « la soute plongée » : c'est l'endroit où il y a des nageurs ou des plongeurs qui organisent les entraînements aux tests plongeurs de bord, aux tests nageurs, l'entretien des qualifications pour les plongeurs de bord, et qui s'occupent du matériel de plongée pour les commandos.

Avec eux, semaine après semaine jusqu'aux sélections, je faisais deux plongées de nuit, des plongées de jour, qui comportaient différents exercices comme la navigation, la plongée en piscine avec brassière pour être à l'aise en respirant le volume d'air de celle-ci, révision de la plongée synthèse qui se déroule le premier jour, calculs de plongée, sauvetage d'un équipier avec et sans obstacle et autant de gestes techniques à maîtriser pour être au top le jour J.

Pour la course à pied, j'alternais les sorties courtes, longues, des parcours avec des côtes trois à quatre fois par semaine. Pour la natation, j'ai pris des cours le mercredi avec un moniteur pour m'apprendre à nager correctement le 100 m crawl. Eh oui, avant je nageais 25 m et j'étais incapable de faire plus, un vrai parpaing. Du coup, j'ai perfectionné ma technique de nage ainsi que l'apnée après effort.

J'ai dû me faire violence pour des sorties à vélo afin de gagner en vélocité pour la palme, car pendant les sélections, il y aurait quelques kilomètres à parcourir en palmant et nos jambes seraient nos moteurs. Quasi tous les midis, je faisais une séance de pompes, tractions, abdominaux, cordes, pour entretenir et rester sur les objectifs que je m'étais fixés.

En parallèle, je travaillais les tests psychotechniques et avais acheté un bouquin qui contenait différents tests, du genre les dominos, suite logique, carré magique. Au début, c'était catastrophique mais je ne m'alarmais pas et travaillais chez moi au moins une heure deux fois par semaine.

Quand j'étais jeune commando, je ne voyais que le côté physique et pas le côté théorique, qui a aussi son importance lors des sélections. Fin septembre, un message de la direction du personnel de la Marine arriva, avec les noms des candidats présélectionnés, j'étais dessus. Les dates de début et de fin furent indiquées sur celui-ci. Une semaine avant l'échéance, je me reposais pour faire du jus, car les deux semaines seraient longues et intenses.

Mi-octobre, j'arrivai à l'école de plongée, et là, c'était pour réaliser ce pour quoi j'ai fait commando marine. La veille, j'eus du mal à dormir car le stress et la peur de l'échec firent leur apparition.

Lundi matin, les hostilités commencèrent. Après l'appel, nous nous dirigeâmes vers la salle de cours pour les formalités administratives, le maître de cours (responsable de l'instruction) nous dit : « Dans cinq minutes, tenue de sport en bas de votre bâtiment et reconnaissance du parcours de la marche de huit kilomètres de demain matin. » Un brouhaha de chaise se fit entendre, cinq minutes après, nous étions rassemblés en bas. Bien sûr, en tête pour donner le rythme, le premier maître champion de trail. Non seulement il faut suivre son rythme mais en plus imprimer en même temps le parcours, qui monte plus qu'il ne descend. Ceci restait une impression, mais ça piquait quand même.

L'après-midi, briefing sur la plongée synthèse, il y a un temps limite, et au-delà, c'est l'échec, pareil pour un exercice non réussi. Cette plongée n'est pas compliquée si on s'est correctement préparé. Mais avec la pression et le stress, on peut vite faire des erreurs. Après le briefing, je me répétai le déroulement de la plongée tout en m'équipant dans le vestiaire. Avec mon binôme de plongée, nous nous vérifiâmes une dernière fois avant de nous présenter face au directeur de plongée. C'est lui qui est responsable du bon déroulement, qui note les départs et retours des plongeurs et prévient les secours s'il y a un accident de plongée. L'inspection faite, nous attendîmes l'ordre de notre instructeur pour nous mettre à l'eau. Je réussis la plongée et posai mon bloc au vestiaire puis revins au ponton pour enchaîner une certaine distance en palmes. Je ne donne pas le nombre de milles nautiques car je laisse aux futurs candidats les joies de la découverte.

Le soir, je préparai mon sac de 11 kg pour la marche du lendemain en vérifiant que le poids était correct.

Mardi, nous partîmes en courant au départ de la marche, nos sacs à dos nous attendaient dans le camion, une fois la pesée effectuée ; je partis pour un 1 500 m suivi de la marche de 8 km. C'est bon, j'étais dans les temps même si cette marche était vraiment dure, comparée à celles que j'avais pu faire dans le passé. J'étais soulagé, la réussite m'a permis de découvrir la plongée en circuit fermé ; malheureusement, certains de mes camarades échouèrent.

Nous avons effectué une petite plongée à l'air après cette marche, histoire de se détendre les jambes, et l'après-midi, nous avons eu une instruction sur le nouvel appareil de plongée ainsi que sur la réglementation. La préparation était très minutieuse et très importante afin que tout se passe correctement sous l'eau. Le soir, je ne demandai pas mon reste, j'étais exténué.

Mercredi, j'ai découvert la fameuse plongée à l'oxygène en circuit fermé et la gestion de ce « troisième poumon ». J'ai dû m'y reprendre je ne sais combien de fois pour m'immerger – il ne faut surtout pas s'agacer mais appliquer à la lettre les consignes des instructeurs.

Les jours se sont suivis avec différentes activités, course à pied tous les matins, le fameux 100 m de natation, et j'étais fier car l'entraînement payait sur le maximum de distance en apnée. Pour les tests physiques avec les max, je n'étais pas très content de moi, est-ce à cause de la fatigue accumulée ? certainement. Pour les plongées de jour, les longues durées pouvaient nous amener à faire quatre heures sous l'eau (si on ne réussit pas la plongée de quatre heures, on risque de ne pas être pris) et cela était pareil pour la plongée stress de nuit, je n'en dirai pas plus sur cette épreuve.

Fin de la deuxième semaine, je passai devant le maître de cours qui m'expliqua ce qu'il pensait de moi et des sélections que j'avais faites. Je sortis de la salle avec le sourire aux lèvres, mais discret, le sourire, car il y a des yeux partout à l'école de plongée. J'étais pris pour commencer le cours « nageur de combat » au mois de décembre.

LARMES DE DÉCEPTION

Décembre est arrivé très vite. Je suis parti quinze jours à Brest à l'école navale où j'ai passé mon permis hauturier. La navigation hauturière est utilisée en marine marchande, elle nous permet de savoir se repérer sur une carte marine et tracer une route.

Début janvier, j'étais de retour à l'école de plongée et rentrais dans le vif du sujet. La première journée, j'ai revu la réglementation sur la plongée à l'oxygène, avec la procédure de sauvetage de l'équipier en cas d'accident sous l'eau, ce qui est très important pour secourir son binôme sous l'eau avec les gestes justes. J'ai appris à chasser notre ennemi, que sont les bulles d'air de ma néoprène, de ma brassière, ainsi que celle de mon équipier. Les plongées étant réglées comme du papier à musique, les débriefings furent de grands moments de solitude à vivre car j'étais seul face au maître de cours et aux autres instructeurs pour répondre de mes erreurs. Nous sommes tous dans la même salle et chaque élève est débriefé sur sa plongée, ce n'est pas un procès mais toutes les remarques servent à tous les élèves et je peux vous garantir que c'est assez spécial à vivre. Cela sert aussi à comprendre où le candidat a des difficultés afin qu'il ne refasse pas les mêmes erreurs.

Ce genre de situations forge l'humilité et l'honnêteté, même si j'appréciais très peu ces moments-là. La première quinzaine se passa très moyennement, je n'arrivais pas à retrouver les sensations des sélections du mois d'octobre. La troisième semaine du mois de janvier ne se déroula pas au mieux. En effet, le jeudi soir, sur un sauvetage, je suis passé sous le seuil des 6 m sans m'en rendre compte, tellement j'étais pris par l'envie de réussir cet exercice. Je voulais trop bien faire car j'avais eu des remarques négatives sur l'exécution de celui-ci et je devais le réussir. Eh bien, c'était raté...

Le vendredi matin, je n'en menais pas large lors du débriefing, mais je reconnus mon erreur ; le même jour, nous avons fait des exercices en piscine, et mon maître de cours me lança un message subliminal : « Quand on fait de la merde, eh bien on dégage ! »

Au moins ça, c'est dit ! J'ai pris cela dans ma musette et analysé que ça ne sentait pas bon pour moi. Il était temps que je me réveille pendant la semaine de synthèse, ce que j'ai tenté, mais à la fin de la semaine, après avoir palmé pendant plus de 8 km, j'ai été convoqué au conseil d'instruction devant le commandant de l'école de plongée, le directeur de cours, le maître de cours et le reste des instructeurs. Le maître de cours m'a fait comprendre que j'avais loupé le train, que j'étais resté sur le quai de la gare, et qu'il était très déçu de ma prestation, comparée aux sélections. Il m'autorisa à reposer le cours si j'étais toujours volontaire.

Je suis sorti du conseil sans piper mot, la déception m'a envahi ainsi que des larmes. Eh oui, on peut prétendre vouloir être nageur de combat avec un cœur et des émotions. J'ai appelé mon épouse pour lui annoncer et je vous avoue que, sur le moment, je ne voulais pas tout recommencer de zéro. Elle a eu les mots pour me réconforter et me rebooster, car le soutien familial est important lorsque nous faisons ce métier, c'est notre socle. Je décidai donc de reposer le cours « nageur de combat ». Comme on dit, la « valda » a eu du mal à passer, et surtout le fait de remonter à Lorient, la queue entre les jambes ; intérieurement, j'ai eu du mal à accepter cet échec. Mes camarades de cours continuèrent avec quatre gars en moins et, début février, un autre candidat fut sorti du cours, et ainsi de suite jusqu'au mois de mai. Il ne restait que trois candidats et ils ne sont pas non plus allés au bout du cours.

C'est la première fois depuis 1952 que le cours finissait avec zéro candidat diplômé. Avec le recul, je pense que nous étions à un changement de génération. Nous n'étions pas trop unis, c'était un peu chacun pour soi, il y avait des clans. Pas top ! Je peux dire qu'il y avait une mauvaise ambiance au sein des élèves et cela se ressentait lors des plongées. Sous l'eau, on ne peut pas tricher.

Pour ma part, avec le recul, le fait d'avoir réussi les sélections, pour moi, c'était gagné, alors j'étais persuadé que les instructeurs m'avaient pris en grippe. Selon moi, ce que je réalisais en plongée était conforme au briefing, j'étais dans un déni total et je remercie mon maître de cours de m'avoir mis un bon coup de pied aux fesses pour me faire comprendre que si je prétendais vouloir réussir ce cours prestigieux, il fallait savoir se remettre en question tous les jours, accepter ses erreurs, surtout faire preuve d'humilité au quotidien.

L'EFFET DE GROUPE M'A SAUVÉ

Donc je retournai à Lorient et mes deux autres camarades restèrent à Toulon – sur le cours « à zéro », nous serons seulement trois à le reposer. Suite à ce cours, l'institution nageur de la Marine nationale a dû se pencher dessus pour l'analyser et mettre en place une préparation au commando Hubert pendant un mois.

En septembre, je suis donc parti m'entraîner à Toulon pendant un mois et, pour les gars qui rentraient de mission à cette période, ça leur a permis de se remettre à niveau, autant physiquement qu'intellectuellement sur la réglementation de la plongée et des calculs. Ça permettait surtout de retrouver un niveau de plongée plus important que s'ils s'étaient préparés tout seuls à Lorient, dans leur coin, sans trop de ligne directrice. Cette préparation est bien faite, elle est encadrée et les candidats n'ont pas à gérer les moyens, car tout est mis en place pour eux.

Durant cette préparation, j'ai eu un accident de plongée, un maudit sinus qui s'est bloqué à cause d'un polype, et cela m'a valu une opération pour évacuer l'air dans le sinus. Bien sûr, une nouvelle épreuve se dressait devant moi, c'était la question de l'aptitude, et le médecin ne fut pas très chaud pour me redonner mon aptitude nageur. Grâce à deux médecins de la plongée et leur argumentation auprès du médecin qui m'avait opéré, j'ai pu récupérer mon aptitude. Il y avait une condition : si cela se reproduisait avant ou pendant le cours, je perdrais mon aptitude à la plongée définitivement. J'avais une épée de Damoclès au-dessus de la tête, je connaissais les risques, le contrat était clair.

Mi-octobre, je suis retourné à l'école de plongée pour recommencer les sélections du cours « nageur de combat », c'était reparti pour quinze jours de bonheur.

J'ai fini les sélections et me voilà de retour au cours nageur. Cette fois, je l'abordai différemment, c'est-à-dire que j'avais pris la décision de vivre au jour le jour le cours pour me mettre moins de pression, et d'être plus à l'écoute des conseils et consignes qui me seraient données.

Nous fûmes quatorze à commencer le cours. Je décidais de prendre jour après jour, module après module, avoir de la patience pour ne pas se voir beau trop tôt. Le but était d'atteindre le mois de juillet.

Vous aurez compris que l'on recommence tout lorsque l'on échoue à un stage ou un cours. Je vous passe les détails pour Brest, mais cela reste pareil, et pour ce cours, j'ai la responsabilité d'être « pistard » – c'est un élève un peu plus vieux que les autres qui fait le lien entre les instructeurs et les élèves, en gros, il prend la température, l'état de forme des gars. Par exemple, si un élève a un coup de moins bien, il peut en parler aux instructeurs pour lui sauver la mise parce que cela peut se répercuter sur ses performances et ça peut éviter la descente aux enfers pour lui.

Avec cette responsabilité en plus pour gérer l'ambiance du cours et mon propre cours, j'attaquais le premier module de quatre semaines, sur la technique de base de la plongée à l'oxygène sans la charge. Ce premier mois se passa plutôt bien, cela fut un peu de la révision, mais ça ne m'empêcha pas de faire des boulettes, surtout le lundi matin où j'avais du mal à me mettre en marche en début de semaine.

En février, je commençai le deuxième module, plus axé sur la tactique, sans oublier ce que j'avais appris le premier mois. Il faut comprendre que, à chaque étape, il ne faut pas oublier ce que l'on a appris avant. Je ne rentrerai pas plus dans le concret du travail de base du nageur de combat. Mais à partir de ce jour, j'avais une charge sur le dos qui ne me quitterait plus lors des futures plongées. Ce fut aussi le mois de la bidouille, j'ai dû peser ma charge pour qu'elle ait un poids neutre, l'ajuster à mon harnais pour ne pas qu'elle me gêne en navigation, confectionner le filet camouflage, pas trop long, pas trop court, et penser aux moindres détails. Au fur et à mesure, j'ajustais constamment mon équipement.

Deuxième mois validé, nous n'étions plus que onze élèves, pour attaquer le troisième module où je confectionnai mes projets d'attaque. C'est-à-dire ma navigation sous l'eau – eh oui, nous apprenons par cœur nos caps (la direction) et nos temps.

Pendant ce module, j'ai touché le fond – deux mauvaises plongées, la fatigue, la pression de ne pas louper la suivante –, je me suis écarté de ma ligne de conduite, qui jusqu'alors fonctionnait pas mal. Heureusement, comme je vous disais, l'effet de groupe est très important. Cela m'a sauvé, j'ai pu me remettre en selle.

Mai, juin, on a fait les synthèses entre Toulon et Brest, un module avec les plongeurs démineurs pour apprendre à plonger avec leur appareil et, en juillet, nous avons fait le module des plongées profondes à l'air.

Fin juillet, je réintégrai mon matériel ; le lendemain, c'était notre remise d'insigne. Enfin, les huit mois de cours sont finis, je fais partie de cette petite famille ultrasélective.

Le jour de ma remise a été une de mes plus grandes fiertés après mon béret vert. J'avais les hippocampes sur la poitrine, en plus devant mon épouse et mes enfants qui m'ont soutenu du début à la fin du cours.

Le lundi suivant, j'intégrai le commando Hubert, avec des gars au top et un superbe accueil dans le groupe, rien à voir avec celui que j'ai connu en commando plus jeune. Ensuite, dans le commando, j'ai fait l'initiation CTLO qui est un passage obligé pour tous les nageurs.

Plus les mois passaient et plus j'étais heureux d'être dans cette unité. J'étais content de ne pas m'être trompé.

Focus
LES OPÉRATEURS FACE À L'ÉCHEC
Par Ismaël, préparateur mental

Le milieu des armées et des forces de l'ordre sont des domaines d'accomplissement, dans lesquels l'orientation des uns et des autres dépend de la réussite et de l'échec vécu. Nous réagissons tous différemment face à ces situations... certains vont être en mesure de rebondir et de remonter la pente, tandis que d'autres vont s'écrouler et ne voudrons plus se confronter à une seule épreuve. De la même façon que nous sommes conditionnés à gagner et à réussir, il est indispensable de savoir faire face à l'échec.

Réussir une épreuve correspond uniquement à un résultat et ne signifie pas pour autant que vous avez été performant durant l'épreuve… « Ce n'est pas parce que la mission a été accomplie que le travail a été bien réalisé. » Et si l'échec était un processus d'apprentissage ?

Gagner ou perdre ne sont que les conséquences mais ne doivent nullement correspondre à un but. Dans ce cas, il est important de se focaliser sur les paramètres et habiletés nécessaires pour augmenter ses chances d'atteindre un objectif. « C'est le processus qui vous emmène au résultat et pas l'inverse. »

Alors, intégrez l'échec comme un résultat momentané et utile dans votre progression. Les petits échecs d'aujourd'hui peuvent devenir votre plus grande réussite…

TÉMOIGNAGE 13

LUIS, RAID

« Son fusil de chasse dans la bouche et le doigt sur la détente »

Cela fait déjà huit ou dix heures que nous sommes là, devant cette porte. Nous entendons la voix de cet homme à travers celle-ci. La voix est triste et faible, il veut parler à sa femme. Notre négociateur sait que si nous acceptons la requête, l'homme en finira avec ses jours. Il pourrait être un copain, un voisin. C'est une histoire banale de garde d'enfant qui tourne mal dans une commune de Seine-et-Marne, pas un terroriste ni un membre du grand banditisme. Le négociateur lui parle longuement. Je suis derrière le bouclier Ramsès avec mon binôme. Avec le groupe « effraction », nous préparons l'ouverture de la porte. Le couloir est étroit, nous avons peu de place. Nous sentons tous que nous avons peu de temps et que l'homme est au bout du chemin.

Sur instruction, nous cassons la porte et découvrons l'homme qui se tient devant nous. Il nous regarde d'un air perdu avec son fusil de chasse dans la bouche et le doigt sur la détente…

Ce genre de situation se reproduira de nombreuses fois. Le fond de notre métier est de transformer une situation négative en situation positive pour l'ensemble, c'est ce qui donne un sens au métier et à l'entraînement quotidien. Hélas, parfois, la situation se résout dans la douleur, comme un suicidaire que nous n'avons pas pu sauver, des copains blessés...

Septembre 1990... Le réveil sonne et j'entends ma mère m'appeler pour le petit déjeuner, la maison est simple, dans une famille sans trop d'argent, je me prépare pour ma première journée au lycée pro.

Au-delà de cette classe de BEP, c'est une rencontre avec le club de boxe UNSS qui me fera devenir un jeune homme plus sûr de lui.

Déjà quatre années que nous habitons là. Les années collèges furent faites sans excès, élève moyen dans un collège de province. Adolescent rêveur et sportif, j'avais déjà attaqué le handball, le tennis de table et le basket. Mes parents ont quitté la région parisienne pour venir dans un coin reculé de la campagne. Nous vivions dans une cité de la banlieue parisienne qui devenait un peu plus dure chaque année. La transition fut un peu compliquée, mais la campagne fut un terrain de jeu exceptionnel pour le gamin que j'étais.

Je me rêvais policier ou gendarme, pompier, commando ou plongeur chez Cousteau. Ma mère me disait souvent que, petit, j'avais déjà la tête dans l'action et qu'ils n'avaient pas été surpris par mes choix de vies. La rencontre avec la boxe fut une révélation, et je me rendrais compte bien plus tard de l'importance qu'elle a eue dans ma vie.

Les parents pensent toujours que leurs enfants feront de grandes études, mais il fallait se rendre à l'évidence, je n'étais pas fait pour rester assis sur une chaise.

Avec mon père, nous regardions parfois des émissions de télé ensemble, l'une d'elles me fit découvrir un métier qui ne me lâchera plus jamais. L'émission était présentée par Jean Bertolino et s'appelait *52 sur la Une*. Elle était diffusée le vendredi soir et, ce soir-là, le sujet était les groupes d'intervention RAID et SEK.

Le reportage montrait les deux groupes s'entraîner. Le tir, les techniques de corde, de combat, tout était passé en revue. Je fus subjugué par ces gars, et très vite j'ai compris que c'était ce que je voulais faire. Bien des années plus tard, je faisais un échange avec le SEK et je repensais à cette émission.

DE CONDUCTEUR D'ENGIN À AGENT DE SÉCURITÉ ET DE MENUISIER À ANIMATEUR

À l'issu de mon BEP, j'ai demandé à déclencher mon service militaire, qui était une obligation à l'époque. Après une préparation militaire parachutiste, qui m'a fait découvrir la vie, la solidarité en groupe (alors que personne ne se connaissait vraiment), je suis parti en gendarmerie. Dix mois d'un service militaire qui m'a confronté à la réalité de la vie (accident de la route, drame humain, cadavre, suicide, etc.). Mon premier métier d'arme, et des phrases qui prendront un sens particulier bien des années plus tard. Je me rappelle notamment un instructeur de tir qui, lors d'une séance où j'avais particulièrement brillé, me dit : « Tu tires super bien, tu tires comme un mec du GIGN, non, se reprend-il, moins bien, plutôt comme un mec du RAID ! » Quand, quelques années plus tard, j'ai tiré mes premières cartouches en formation aux Pistoliers d'Auteuil où le RAID s'entraînait, j'en ai rigolé. Ce service militaire restera une superbe expérience que j'aurais aimé prolonger mais malheureusement le commandant de ma brigade m'a poussé à faire des choix… et j'ai choisi la boxe. J'ai tenté les concours de Police et Gendarmerie la même année mais sans succès.

Ensuite, j'ai enchaîné les petits boulots. Passant de conducteur d'engin à agent de sécurité et de menuisier à animateur… Tous ces petits boulots anodins m'ont permis d'accumuler un tas de petits avantages qui m'aideront dans ma vie d'après… Toute cette expérience des « petits riens » deviendra une vraie façon de penser, une vraie pratique du quotidien. Et plus rien ne deviendra anodin.

Les années passent et la boxe a pris une place essentielle dans ma vie. Je m'entraînais quasiment seul, faisant à la fois le moniteur dans mon club et le compétiteur. Je devais faire de nombreux déplacements pour les entraînements et les combats de boxe. Mes parents m'ont soutenu depuis le début.

Comme je le disais, je ne suis pas né dans une famille très riche et nous n'avions pas une communication interne exceptionnelle mais j'ai eu la chance d'avoir des parents un peu fous qui m'ont suivi dans mes aventures. Les kilomètres parcourus à travers la France, les heures au bord du ring à voir son enfant souffrir, panser les blessures plus ou moins graves, me soutenir quand je perdais un combat et partager la joie quand je gagnais…

Après mes années de compétition, j'ai décidé de mettre fin, non sans mal, à ma « carrière », dix ans après avoir commencé. Quelques titres, certains nationaux, mais une évidence amère que, sans une grosse structure derrière soi, il était compliqué de suivre et de percer.

J'ai donc repassé le concours de Police, que j'ai réussi cette fois-ci. Quelques mois plus tard j'intégrais l'école de Police...

JE TRAVAILLAIS DE NUIT ET JE M'ENTRAÎNAIS DE JOUR

J'ai découvert l'institution Police avec ses bons et moins bons côtés. Au bout d'une semaine, j'envisageais déjà de partir. Il faudra une longue discussion avec un de mes formateurs pour me convaincre de rester et je l'en remercie encore.

La première question que l'on nous posait, c'était : « Quel service envisagez-vous dans la police ? » La réponse était, pour la majeure partie des garçons de la section, « le RAID et la BAC ». Avec le recul, quelques-uns iront en BAC et nous ne sommes que deux à avoir intégré le RAID.

J'ai plutôt eu une bonne scolarité mais surtout j'ai découvert mon métier. Un métier passion. Un métier pour lequel j'avais d'assez bonnes aptitudes pour tout ce qui est pratique, comme le tir, les gestes techniques professionnels d'intervention (GTPI) et forcément les combats. Je m'entraînais sans relâche car je voulais mettre toutes les chances de mon côté. Je suis sorti, non sans fierté, premier du parcours pro, en explosant les temps. Les stages qui m'ont envoyé dans des cités bien connues des Yvelines ont été les premières confrontations en tant que policier. Mon service militaire en gendarmerie ne m'avait pas vraiment mis dans ces situations, j'avais beaucoup porté assistance mais je n'avais quasiment pas été en opposition avec des gens, hormis pour des contrôles de vitesse ou d'alcoolémie. Là, je me suis retrouvé de nombreuse fois en position peu agréable, soit d'infériorité numérique, soit de rentrée dans des zones hostiles à l'institution policière. Ce sont des émotions nouvelles qui sont venues et qui ne me quitteront plus.

Au bout d'un an, j'ai choisi mon premier poste. Je me suis retrouvé dans un commissariat de la banlieue parisienne. Une nouvelle vie pleine d'aventures commençait. L'enfant qui rêvait d'aventure à la Cousteau de l'autre côté de la planète se retrouvait dans les cités parisiennes, la nuit, mais les aventures étaient là malgré tout, d'une manière différente.

J'apprenais chaque jour de nouvelles choses, de nouvelles histoires rocambolesques. J'apprenais le métier, je découvrais la solidarité et des personnes empathiques qui faisaient preuve d'une abnégation sans faille pour aider les gens. Toute cette expérience m'a aidé pour les tests.

J'ai été en service général quelques mois puis j'intégrais une BAC départementale, j'agrandissais mon territoire et mon expérience.

Je travaillais de nuit et je m'entraînais de jour. Je boxais mais je passais également mon temps dans une salle de musculation non loin de chez moi. Je travaillais mes lacunes sans perdre mes acquis. J'avais l'impression de préparer les tests RAID depuis toujours. La boxe deux à trois fois par semaine, la course à pied, la musculation.

Je me testais sur tout. Tout était prétexte pour s'entraîner. Par exemple un copain qui pratiquait le judo, eh bien j'allais directement le solliciter pour m'entraîner. Un autre pratiquait le triathlon, alors il m'apprendrait à nager le crawl… En BAC, nous avions l'avantage de tirer un peu plus que la moyenne, ce qui n'était pas pour me déplaire.

Avant de prendre mon service, je m'entraînais encore et encore, parfois avec les copains, qui étaient un vrai soutien durant toute ma préparation.

AURAIS-JE FROID, CHAUD, SOIF OU FAIM ?

Un jour, « LE » télégramme pour les sélections du RAID tomba. Les copains m'appelaient pour me prévenir. Je n'avais pas prévu de les passer si tôt mais les conditions d'ancienneté avaient été modifiées et maintenant j'étais dans les clous pour me présenter. La vraie question à se poser était de savoir si j'étais prêt ! Il faut être honnête avec soi-même dans ces cas-là.

Quand vous vous présentez aux sélections du RAID, vous n'avez qu'une seule et unique chance et il n'est pas question de faire de la figuration. Je me suis donc décidé à faire mon rapport. En attendant d'avoir une réponse de l'administration, je continuais l'entraînement en augmentant les efforts.

Nous étions encore très loin de cet Internet où toutes les infos circulent. Aujourd'hui, les candidats sont relativement bien au courant de ce qui les attend. Combien de vidéos sur le RAID et ses tests de sélection sont accessibles en ligne ? Combien de vlogueurs sont venus filmer et se tester au service ?

Je me doutais bien de ce qui m'attendrait dans quelque temps mais, hormis ce reportage de TF1 quelques années plus tôt avec quelques articles et quelques connaissances qui avaient tenté l'aventure, j'avais peu d'informations vérifiées. Le combat, la piscine, les pompes, les tractions, les parcours pros, le tir, les situations diverses et variées à résoudre, et la course à pied, sont bien sûr des épreuves que l'on connaissait ou dont on se doutait, mais pour le reste, mystère ! J'allais sûrement devoir grimper, me promener la nuit, me rouler par terre et que sais-je encore… ? Aurais-je froid, chaud, soif ou faim ? Comment aborder les entretiens avec les psychologues, les officiers et le patron du RAID ? Le cerveau partait dans tous les sens, je voulais tellement bien faire. J'ai croisé quelques gars qui préparaient les tests, tous des profils différents, des façons de s'entraîner différentes, mais une chose en commun : tout le monde se donnait à fond !

Le RAID est encore, à l'époque, une entité d'une petite centaine d'hommes. À l'époque, quand on voulait intégrer un groupe d'intervention de la police, deux choix s'offraient aux candidats :

- le RAID, à Bièvres,
- ou l'un des sept GIPN (Groupe d'intervention de la Police nationale).

C'était un choix très personnel. Moi, je n'envisageais rien d'autre que le RAID…

La liste des candidats tomba et mon nom était sur la liste, la pression montait d'un cran !

J'avais encore quelques semaines pour me préparer. Je faisais le point sur ma préparation. Les sports de combat, la course à pied (sprint et test de Cooper), j'étais relativement dans mes éléments. Je pêchais en crawl mais j'étais bon en apnée et brasse. Pas de souci de vertige ni de claustrophobie, et j'étais plutôt bien dans ma tête et dans ma vie. Je ne craignais pas d'avoir froid et je suis plutôt dur au mal. Je voulais tout donner et j'allais tout donner. Que ce soit pour la famille, les copains qui me soutiennent, et surtout pour moi, car après tout, c'est un choix de vie. C'est un choix de vie, effectivement, mais j'apprendrai avec le temps que nous ne sommes pas les seuls concernés, quand il y a un coup dur – et il y en aura – c'est tout l'entourage qui vit l'émotion, qui vit dans l'attente et qui pleure avec nous quand le groupe est dans le dur.

J'ai pris une semaine de vacances avant les tests car je ne voulais pas prendre de risque.

La semaine de test se rapprochait à grand pas. Du stress, des picotements un peu comme avant mes combats. Il y avait aussi beaucoup d'inconnu, à quelle sauce allions-nous être mangés ?

J'ai refait mon sac dix fois. La question de la logistique était une question importante qui ne devait pas être prise à la légère. La semaine allait être longue, il fallait penser à tout, de la paire de chaussettes au pack d'eau en passant par le matériel professionnel. Le moindre Doliprane ou morceau d'élasto pouvait vous permettre de prolonger un peu vos chances de rester dans le game durant la semaine de test.

LE NIVEAU DES COMBATS ÉTAIT ÉLEVÉ

Je suis arrivé la veille des tests pour assurer le coup. Certains préféraient arriver le jour J, mais je n'ai pas voulu rajouter de la fatigue. La journée allait sûrement être longue et j'anticipais également le souci qu'il pourrait y avoir sur la route, avec cette fameuse loi de Murphy.

Premier jour des tests : nous sommes tous arrivés assez tôt, tout le monde se regardait, on se jaugeait un moment. Puis, très vite, l'ambiance s'est détendue au moment de prendre nos chambres. D'où viens-tu ? de quel service es-tu ? Nous sommes tous collègues, la Police est un petit monde et nous serons tous amenés à nous revoir un jour.

On nous appela et on nous réunit dans une salle. Le patron du RAID arriva avec quelques officiers et des gars en tenues noires et d'autres en survêtements, qui, pour le moment, m'étaient complètement inconnus. On nous donna des consignes et les grandes lignes de la semaine. Et, forcément, on nous demanda de donner et de montrer le meilleur de nous-mêmes.

Une demi-heure après, nous étions dans la cour, prêts, en short et t-shirt. On nous divisa en deux groupes. On nous emmena en footing jusqu'à une piste d'athlétisme et là, nous comprîmes très vite ce qui nous attendait. Nous avons enchaîné le test Cooper, du sprint, puis nous sommes revenus sur le site pour effectuer les tractions, pompes et grimpés de corde. Les premiers écarts se creusaient. Ce premier tour s'est fait avec les autres candidats, et il était à la fois facile de se situer mais aussi un peu plus stressant quand c'était à son tour de se présenter à l'épreuve.

Direction le réfectoire pour manger… Si je parle de ce moment, c'est parce que c'était un moment clef des sélections. Ne sachant pas du tout ce que serait l'épreuve d'après, il était difficile de savoir ce que nous pouvions ingurgiter. Il fallait pouvoir recouvrer ce que nous avions dépensé mais nous savions également que des épreuves auraient lieu pendant notre digestion. J'ai pris le parti de manger léger. Nous avions dans nos sacs quelques barres de céréales et, la solidarité s'installant, nous ne laisserions jamais un copain dans le dur.

La solidarité était de plus en plus présente. Accentuée, certainement, par le départ de certains dès la première journée.

Nous enchaînions les épreuves, et les premiers thèmes de situations de police apparaissaient. Les informations étaient nombreuses. Dans la tête, ça fusait ! Ai-je toutes les informations ? Puis-je intervenir de telle façon ? poser telle ou telle question ? Mon binôme sera-t-il à la hauteur ? serai-je à la hauteur ? Allons-nous réussir à nous synchroniser ? Le profil des candidats était tellement hétéroclite, BAC comme moi, SPHP (actuellement SDLP), CRS, CSI, renseignements, PJ, autant d'expériences différentes, autant d'analyses différentes. Je comprendrai par la suite que ce qui fait la force d'un groupe comme le RAID, c'est sa diversité. Des parcours différents, une foison d'expériences dans tout un tas de domaines réunies dans un même groupe.

Pour le moment, chacun interprétait le thème à sa façon, nous échangions sur ce que nous avions fait. Les caractères commençaient à transparaître alors que nous n'avions commencé que le matin. Il y avait ceux qui, comme moi, jouaient la carte de l'honnêteté et ceux qui étaient en mode « compétition ». La journée se poursuivit entre les GTPI et les épreuves de cran.

Le soir venu, nous sommes partis manger. Nous allions regagner nos chambres lorsqu'on nous appela pour aller courir. Deux groupes se sont formés, les plus de 3 000 m et les moins de 3 000 m au Cooper du matin. Nous le prenions un peu comme un signe.

De retour dans nos chambres, nous avons eu la visite de certains opérateurs qui nous félicitaient pour la journée et nous souhaitaient une bonne nuit. Bien sûr, nous avons deviné un rictus machiavélique sur leurs visages, ce qui nous a fait craindre une nuit écourtée. Et elle fut bien sûr écourtée par une longue balade dans la nuit avec épreuves physiques collectives ainsi que des épreuves psy.

Nous étions toujours entourés, encadrés, observés. Il y avait toujours, quelle que soit l'heure du jour ou de la nuit, une personne présente.

Les jours s'enchaînaient, les épreuves également… Les opérateurs encadraient nos tests le jour, la nuit… Les entretiens psy succédaient aux épreuves. Les situations de police s'enchaînaient à un rythme effréné. Les parcours, aussi variés en thèmes qu'en hauteurs. Allez chercher un numéro d'arme perché à 20 m de haut, sauter dans un trou, monter des escaliers quatre à quatre, lesté d'un casque et d'un gilet pare-balles.

Des situations de tirs à balles réelles où l'on vous explique que le tueur est habillé de telle façon, qu'il a telle ou telle arme, les encadrants vous mettent une pression, ils vous préparent, ils vous stimulent, vous demandent si vous avez tout ce qu'il faut en matériel, vous faisant penser qu'il vous manque un truc.

Je me souviens d'un encadrant qui m'avait demandé si j'avais pris assez de cartouches et je me vois encore prendre une poignée de cartouches pour me les fourrer dans les poches. À l'ouverture du rideau, je me suis retrouvé face à une multitude de cibles PJ liège. Il ne me faudra finalement que trois cartouches pour en venir à bout.

Les jours passaient et nous étions encore un bon groupe à être présent. L'ambiance était excellente. Nous étions épuisés, les corps étaient meurtris par les épreuves physiques et quelques interpellations un peu musclées.

Les épreuves de nuit venaient à bout de nos dernières forces. Marcher, résoudre des problèmes à la lumière des phares d'une voiture. Se demander ce qu'on emmènerait sur la Lune, parmi la liste des objets qui nous est proposée à 2 heures du matin, ou lire une carte pour éviter de faire 10 km de plus que les autres pour rentrer.

L'épreuve de piscine pointa le bout de son nez et nous n'avions pas encore eu les épreuves de combat. Nous nous attendions à passer une journée des plus intenses et effectivement, elle le fut !

Après une longue attente dans les vestiaires de la piscine, nous sommes conduits au bord du bassin et invités à nous équiper d'une combinaison déjà trempée. Nos yeux sont masqués. Là, j'ai entendu les copains, partis avant moi chercher leur respiration et se débattre dans l'eau. La tension monte. Après de brèves consignes, je suis positionné sur un plot. « Tu es prêt ? » me demande-t-on. J'acquiesce et je suis propulsé dans l'eau.

Les épreuves s'enchaînèrent encore avec l'impression désagréable de ne jamais en voir la fin.

Quand je suis enfin sorti de l'eau pour aller m'asseoir, vidé de toutes mes forces, sur les bancs avec les autres, j'étais dans le flou total. Personne autour de moi n'était capable de se situer, d'évaluer sa performance ou de se situer même approximativement dans un semblant de classement. Sur le chemin du retour, nous comprenions que les redoutables épreuves de combat étaient imminentes.

Lors de l'échauffement, malgré la fatigue, je retrouvais mes appuis. Je savais que ça allait être dur mais je n'en étais pas à mon premier combat. J'ai réuni toutes mes forces et me suis rassuré en me disant que je pouvais faire la différence sur cette épreuve.

Les consignes étaient simples : les assauts seraient virils mais courtois. Effectivement, ils étaient très virils… et courtois. Nous avons enchaîné la boxe anglaise, le pieds-poings et le sol. Je comprendrai par la suite que l'excellence du niveau dans les différentes formes de sports de combat est une particularité du RAID. Boxe, karaté kyokushinkai, judo, JJB : de tout temps les champions se sont succédé dans ce service.

Le niveau des combats était très élevé et il fallait que je mobilise toute mon expérience pour me sortir de cet adversaire du moment. La fatigue déjà accumulée a nui à ma concentration. En plus des épreuves, les entretiens individualisés avec les psys ou avec les officiers s'accumulaient. L'enjeu était de démontrer sa motivation à intégrer un groupe comme le RAID.

À l'aube du dernier jour, j'étais incapable de savoir si j'étais dans le moule, si j'avais réussi ou si mon rêve allait tourner court. Je me suis rassuré en me disant que ma seule présence en ce vendredi constituait déjà en elle seule un signe positif.

La conclusion arriva plus vite qu'attendue : nous voilà réunis comme au premier jour à attendre une prise de parole du patron. Son discours alla droit au but, il annonça les noms des candidats retenus pour la formation. Quand il cita mon nom, je mis un certain temps à réaliser que je venais de réussir cette première grosse étape

LES INSTRUCTEURS NOUS ONT LITTÉRALEMENT DÉFONCÉS À LA FIN DE L'EXERCICE

Quelques mois après, je suis retourné pour un temps dans mon service d'origine. La nouvelle de mon admission avait déjà circulé. Les collègues me félicitaient, leur fierté et leurs encouragements m'ont conforté dans la suite de ma préparation.

J'ai intégré enfin le RAID pour trois mois de formation. Je savais que j'étais encore en sursis et que je devais continuer à donner le meilleur.

Les semaines étaient gorgées de stages. Du tir avec des armes, Glock, MP5, Ultima Ratio et d'autres nuances vers le sport de combat, stage de conduite, protection rapprochée et, bien sûr, le cœur du métier, la tactique en intervention. Des semaines compliquées à ingurgiter et digérer au vu de la montagne d'informations. Dans quelques semaines, nous serons affectés en groupe et il faudra que l'ensemble des formations soient acquises.

Chaque stage est un long chemin finalisé par un examen. Peu de place à l'échec. Nous formons une belle équipe. Tout le monde s'entraide et nous découvrons notre nouveau lieu de vie. La fameuse chapelle désacralisée et transformée en salle de sport. Le bâtiment central est plutôt vétuste mais il est plein de vie. Ce bâtiment est plein d'histoire.

Dans un premier temps nous côtoyons surtout les gens qui nous forment. Mais le temps passant, nous côtoyons les gars qui sont en groupe. Dans quelques jours, nous serons affectés avec eux, alors ils sont de plus en plus nombreux à venir nous observer.

Nous percevons petit à petit notre matériel. La formation tactique est longue et les longues heures en tenue lourde nous ont fait toucher du doigt les difficultés du travail.

Nous avons validé les stages les uns après les autres. Sentant la fin approcher, les collègues de groupe commençaient à être de plus en plus sympas avec nous.

Le dernier exercice restera gravé dans ma mémoire. Tout avait été mis en place pour nous mettre en difficulté mais nous ne l'avons appris que bien après. Durant l'exercice, nous avions l'impression d'avoir pourtant tout bien fait mais, en fait, rien n'allait. Les plastrons nous mettaient en réelle difficulté.

Nous avons fini par gagner, mais dans la difficulté la plus totale. Les instructeurs nous ont littéralement défoncés à la fin de l'exercice. Nous sommes rentrés le soir avec une boule au ventre. Nous étions le vendredi, et le lundi, nous étions affectés dans nos groupes respectifs. Comment intégrer un groupe alors que nous n'avions pas réussi l'exercice final ? Nous sommes arrivés le lundi avec cette boule au ventre dans nos groupes, puis les formateurs nous ont rassurés en nous expliquant l'envers du décor.

Quelques jours plus tard, c'était enfin la fameuse cérémonie de remise des écussons. Comment vous raconter l'émotion qui vous envahit quand on vient vous coller l'écusson blanc sur votre combinaison et que tous les opérateurs viennent vous serrer la main, accompagnés de mots plus chaleureux les uns que les autres.

Les premiers pas au groupe sont assez particuliers. Il faut trouver sa place et surtout s'adapter à un certain rythme de travail. On répète les gestes encore et encore. On s'entraîne beaucoup. C'est une autre vie qui se présente à nous. Le temps passe très vite quand on a une vie à cent à l'heure... Les interventions plus ou moins importantes s'enchaînent, mais certaines interventions vous marquent un peu plus que les autres.

Comme indiqué au début de mon témoignage, l'une d'entre elles s'est passée dans un immeuble. Ce n'est pas l'intervention la plus emblématique du service, ni celle qui fait que les gens vous voient comme un héros. Non juste une intervention qui donne un sens. Un simple problème de garde d'enfant qui tourne mal. Nous sommes bipés un dimanche midi et arrivons sur place une bonne heure après. L'homme menace de tuer tous les gens qui tenteront de rentrer chez lui. Ce n'est pas un terroriste, ni un parrain de la pègre. C'est juste un homme qui est en plein divorce et qui ne voit plus assez ses enfants. Mais voilà, les pompiers qui sont venus le voir se sont fait accueillir avec un fusil. Alors, forcément, le commissariat local est prévenu et c'est le branle-bas de combat.

Nous sommes sur place, devant la porte. Le Ramsès est déployé et nous sommes tous derrière. La négociation est longue. Sa femme est sur place et l'homme veut lui parler. On sait ce que ça veut dire… Il parle au téléphone avec notre négociateur mais nous l'entendons à travers la porte. Nous entendons ce timbre de voix d'une personne qui arrive à bout. Le négociateur tente de reprendre la main mais la communication est fragile. Le négo l'informe que nous allons casser la porte.

C'est ce que nous faisons à 23 h 00, soit près de neuf heures après notre arrivée. Quand la porte s'ouvre, l'homme se tient devant nous avec son fusil de chasse dans la bouche, prêt à se faire exploser la tête. La négociation se poursuit et nous commençons à pénétrer dans l'appartement pas à pas. Le négociateur lui a bien expliqué que nous étions là pour l'aider. L'homme baissa son fusil légèrement, mon collègue en profita pour le lui prendre des mains. Surpris, l'homme s'effondra en pleurs, libéré.

Cet homme aurait pu être un voisin, un oncle, un copain. Nous sommes restés près de douze heures en tenue devant la porte… mais le soir, quand vous vous couchez, le fait d'avoir sauvé quelqu'un vous remplit d'une sérénité et vous renforce dans votre motivation au quotidien…

TÉMOIGNAGE 14

JULIA, ANCIENNE OPÉRATIONNELLE SUR LE TERRAIN

« Mais pourquoi ne démissionnez-vous pas ? »

C'était il y a plus de deux décennies, au centre de formation d'une unité de l'Armée française. Je suis au nombre de quelques étudiantes volontaires pour effectuer un service militaire. Nos parcours sont différents, nos motivations intimes, et notre volonté d'effectuer ce service est une démarche inhabituelle et mal comprise. Une fille qui « se prend pour un homme » a un « problème ». On s'interrogera du reste souvent et longtemps pour savoir si nous nous sommes engagées parce que nous étions lesbiennes, qualifiées d'« hommesques », ou de nymphomanes. Comme les autres, je m'y habituerai.

Il pleut. De mémoire, nous sommes sept, au garde-à-vous sur la vaste place d'armes, immobiles, exposées, en chemises devenues transparentes. Autour de nous, des centaines d'appelés penchés aux fenêtres des bâtiments qui nous entourent, nous sifflent. Ces sifflets et ces cris me donnent le vertige et semblent devoir me faire perdre l'équilibre. Le vent souffle en rafales qui nous semblent glacées. Figées, nous tremblons de froid et d'humiliation, et, pour certaines dont je fais partie, de peur.

Les cadres nous ont fait savoir, de façon répétée, que nous étions en danger au milieu de tous ces hommes, nous interdisant, au mess, d'aller nous-mêmes chercher de l'eau afin de ne pas avoir à traverser cette assemblée de fauves, ou du moins présentée comme telle. Les centaines de regards posés sur nous en permanence renforcent ce sentiment de vulnérabilité. Ces cadres qui se disent en sous-effectifs et incapables de « nous protéger », multiplient pourtant les occasions de nous exposer, sans pour autant être directement brutaux avec nous. Ils semblent moins pervers qu'incompétents et dépassés par notre présence. Vont-ils perdre le contrôle de cette foule survoltée ? Cette période de « classes » devient un moment de stress intense, et de dégoût, après un passage humiliant d'incorporation « médicale » où chacune semble avoir eu droit à des examens différents et parfois étranges. Aucune préparation militaire réelle ne nous est inculquée, en dehors de quelques conférences sans intérêt dans des salles de classe. Comme le disent eux-mêmes les instructeurs, nous ne sommes pas destinées « à rester ».

C'est mon premier contact avec le monde militaire. Bien plus tard, ayant traversé des situations de violences et de guerre, connu le véritable danger et vécu des aventures humaines extraordinaires, je me souviens encore de ce moment, que mes camarades ont peut-être moins mal vécu que moi. Parce qu'il n'est que le début de ce que je vais devoir endurer et surmonter pour parvenir à exercer un métier qui me passionne, au terme d'un parcours que l'on m'envie sans en connaître le prix. Que de fois n'ai-je entendu, mon service militaire achevé et après m'être engagée : « Mais pourquoi ne démissionnez-vous pas ? » C'est une question intéressante.

ENFANCE ET ADOLESCENCE

Mon enfance a été paisible, et notre vie de famille sans drame. Il m'a fallu longtemps pour comprendre que j'étais un peu différente des autres, et beaucoup en souffrir. Avant cela, j'ai le souvenir d'une enfance très heureuse. J'ai eu la chance de grandir dans de vastes espaces, de grands jardins, et même la forêt, en lisière de laquelle était notre maison. En vacances, nos parents nous emmenaient en montagne, ou en Bretagne où je courais en pleine liberté dans les champs et sur les plages. J'ai le souvenir d'avoir constamment galopé, nagé, grimpé dans les arbres, escaladé des murets, fait du vélo, exploré des rochers, sauté sur les crevettes dans les trous d'eau, piétiné le goémon pour l'entendre claquer sous mes pieds.

De l'avis général, j'ai un don pour communiquer avec les animaux, avec lesquels je développe des liens affectifs forts. Je ne cesse d'en adopter, résolue à faire cohabiter des souris et des oiseaux avec des chats, des chats avec des chiens, des chiens avec des chèvres. Autoritaire, j'exige que tout ce petit monde s'entende, et sanctionne les gestes fourbes. Je possède par ailleurs un imaginaire particulièrement riche. Je m'imagine personnel humanitaire, et sauve constamment animaux et poupées des pires circonstances, les déplaçant dans l'urgence mais avec méthode d'un bout à l'autre du jardin. J'envisage toutes sortes de catastrophes naturelles. Je mets en place un nombre considérable d'hôpitaux de campagne. J'aime la crise et l'urgence, et que mon action soit déterminante. J'aime être le chef. Plus tard, je deviens « justicière ». À la lecture de livres de la *Bibliothèque verte*, suivra une période où je serai agent secret, m'étant même fabriqué une petite carte plastifiée d'« espion ». En me retournant sur ce passé, il m'apparaît, d'une part, que j'ai curieusement toujours fait preuve des goûts et aspirations qui orienteront ma vie d'adulte ; d'autre part, que j'ai, très jeune, possédé de solides ressources personnelles, de richesse intérieure et de créativité, atouts qui se révéleront d'une utilité considérable pour me ressourcer, et parfois me reconstruire, dans les pires circonstances.

L'école va être une souffrance, durant presque toute ma scolarité, pour plusieurs raisons : les autres enfants, tout d'abord. Je souhaiterais m'intégrer dans leurs groupes, mais n'y parviens pas. Je ne suis pas seulement maladivement timide et réservée : je ne comprends pas pourquoi je semble ne jamais ressentir les mêmes émotions qu'eux, à la fois plus sensible et étrangère à leurs goûts et intérêts. Je ne serai pas victime de maltraitance ni de rejets cruels, car je suis toujours prête à rendre service ou rire avec les autres, et quelques amies, populaires, me protègent sans doute, car ma différence me rend vulnérable. Par ailleurs, je suis plutôt bonne élève bien que travaillant peu, comme tous les enfants. Mais j'éprouve des difficultés à intégrer des matières dont je ne comprends pas le sens ni l'utilité. Je ne parviens pas, en mathématiques, à retenir des formules simples qui ne posent de difficulté à personne. Ma sœur cadette saute les classes et se rapproche de la mienne. J'en déduis que je souffre d'insuffisance intellectuelle. Je perds toute confiance en moi, très jeune, et préfère observer les autres plutôt que les côtoyer, car ce que je perçois de leur comportement des uns envers les autres me semble souvent cruel, et incompréhensible.

Un bref passage dans une école de religieuses, aigres, sèches, soumises autant au sexe masculin qu'à des dogmes extrémistes, me rend rebelle, résistante à la manipulation et aux mensonges, lucide, acerbe, à la parole rare mais meurtrière. Je décèle vite les faiblesses, les mensonges et les manquements des adultes, et deviens d'autant plus dure et intolérante que mes efforts pour m'en faire aimer restent vains. On m'impose des séances de confessions obligatoires, dont les sœurs et le curé se tiennent informés. Lasse de ne jamais comprendre quel péché je dois avouer, je déclare un jour avoir commis celui d'adultère en écho à une chanson de Georges Brassens que j'ai entendue le matin même. Je suis punie. Je demande un jour à mes parents ce qu'« adultère » signifie, et leur explique que je suis sanctionnée pour ce « péché » depuis plusieurs mois. Je rejoins promptement l'école publique. Ces sœurs m'amènent à abhorrer le fanatisme, sous toutes ses formes. Tout carcan intellectuel, formule établie ou idéologie m'inspire immédiatement de la méfiance. Je déteste me voir imposer des connaissances sans les comprendre, et n'en retiens aucune.

J'ai toujours beaucoup lu, sans doute parce que mes parents m'ont offert dès l'enfance des ouvrages aux dessins veloutés et enchanteurs. Très tôt, j'ai dévoré les livres pour la jeunesse correspondant à mes goûts. Puis, je me suis attaquée à la bibliothèque familiale, très fournie et agencée selon un ordre alphabétique rigoureux. En raison de ma petite taille, mes yeux ne parviennent initialement qu'au niveau des M, N et K d'un côté, à partir des S de l'autre. Je lis avec application et sans en comprendre tout le sens, mais comme des livres d'aventures, Schoendoerffer, Soljenitsyne, Nietzsche, Malraux, Kafka, Koestler… Je ne sais pas ce qu'à mon âge j'ai pu y puiser, ni de quelle façon tout cela a rejoint mon imaginaire. Mais étant libre de mes lectures et de leur interprétation, ces moments m'ont rendue très heureuse. Et, surtout, ces ouvrages m'ont dotée d'une arme dont j'ai découvert que peu la détiennent : je sais rédiger, et donc me défendre contre bien des adversaires.

Je ne pense qu'à rentrer chez moi et retrouver mon chien, avec lequel je cours dans la forêt pendant des heures. À l'école, je suis imbattable en athlétisme et en cross, même auprès d'adolescents plus âgés que moi et scolarisés en filière sport-études, caractéristique plus tard décelée dans l'armée. J'aime également nager et me sens très à l'aise dans l'eau. Mais je me rebelle contre toute idée de coaching et de club : pour rien au monde ces moments de bonheur ne doivent être gâchés par l'intrusion d'un enseignant ou d'autres élèves. J'aime me sentir libre. Mais, non guidée ni rassurée, je n'exploiterai pas un potentiel solide et le regrette.

En classe de seconde, je suis toujours rêveuse et timide, jamais insolente, mais dotée d'un caractère particulièrement marqué. Je suis viscéralement attachée au sentiment de justice et au courage intellectuel, celui qui se perd le plus vite. J'éprouve un besoin dévorant d'aventures et de liberté. À l'âge de 15 ans, mes parents acceptent de me laisser partir étudier aux États-Unis, aux bons soins de la famille d'une amie, convaincus que je vais y être scolarisée et prendre des cours par correspondance avant de revenir en classe de première en France. Je n'en ai aucunement l'intention. Je ne veux plus d'école.

Une fois sur place, les adultes étant le plus souvent absents pendant des périodes prolongées, je vais apprendre, par moi-même, l'autonomie, la liberté presque absolue et le sens de la responsabilité. L'éducation que j'ai reçue me préserve des pièges, des mauvaises influences et des plus grosses bêtises. Je découvre l'immersion dans une autre culture, l'attachement et le respect pour un autre pays, et pour le mien, lorsque j'y retourne pour quelques vacances. Mon but unique est d'apprendre l'anglais, afin de pouvoir ensuite partir à l'aventure. Je décide de me scolariser, à un niveau équivalent à celui de la sixième, afin que ce soit plus simple. Le directeur, que je suis allée rencontrer, accepte. Les enfants se moquent de moi et je ne progresse pas. Je retourne voir le directeur. L'ensemble des enseignants regarde avec indulgence et amusement cette jeune fille très décidée, possiblement un peu perdue et totalement hors norme. Je lui demande d'être intégrée aux élèves de mon âge. Il accepte. Je m'inscris alors dans plusieurs matières dans lesquelles j'ai un niveau acceptable en France. L'enseignement est différent de celui de la France : quelques matières seulement, mais étudiées de façon approfondie, et une grande responsabilisation des élèves, peu nombreux dans les classes. Les enseignants sont bienveillants et attentifs.

J'effectue alors un court séjour scolaire dans une université prestigieuse. Je tombe éperdument amoureuse des lieux, de l'ambiance à la fois studieuse et potache, de la beauté et de la dignité aristocratique de ses bâtiments. C'est une révélation. Comme j'aimerais y étudier ! Les études ressembleraient-elles donc à cela ? Je me rends de nouveau chez le directeur, lui demandant de m'accepter au niveau de la terminale. Cette fois-ci il refuse. Moins du fait de mon âge que parce qu'en fin d'année, les résultats des élèves sont équivalents au baccalauréat français et que leur entrée dans de grandes universités conditionne la réputation de l'école. J'insiste tant que l'on m'autorise à suivre au moins les cours. Dès lors, tout me passionne. Au vu de mes résultats, quelques mois plus tard, je suis autorisée à présenter quelques matières aux examens.

J'obtiens l'équivalent d'un baccalauréat dans la matière présentée. Pour moi tout change. Je rentre en France où je suis scolarisée dans un lycée qui me permet de suivre plusieurs cursus. Je suis devenue autonome et mature, et surtout, avide de connaissances. Mes notes sont excellentes. Mon entourage est sidéré. La soif d'apprendre ne me quittera plus.

Alors que j'achève une scolarité supérieure dans un établissement réputé, mon espoir de pouvoir débuter la carrière que j'envisage se trouve brisé par une évidence : je suis une femme, et mon rêve professionnel m'est à cette époque interdit. Je suis approchée par un personnel de la DGSE, qui, par son comportement étrange et ses mises en garde inquiétantes, me fait prendre mes jambes à mon cou, effrayée par un milieu dont j'ignore tout. Quelque temps plus tard, je rencontre un officier qui me fait envisager le parcours professionnel espéré. Avant de m'engager, j'effectue un service militaire afin d'avoir un premier aperçu de ce milieu. C'est ainsi que je me retrouve en chemise sous la pluie.

« JE N'ÉCHOUE JAMAIS. JE GAGNE, OU J'APPRENDS[1]. »

Une fois engagée dans l'armée, les choses se passent mal, d'emblée. Recrutée dans le civil sur des diplômes universitaires de haut niveau, sans passer de concours militaire, j'ai fait preuve d'une grande naïveté, et sans doute d'immaturité, à rejoindre l'institution militaire en pensant y être accueillie avec bienveillance et camaraderie. Les premières années sont les plus cruelles, car je n'y suis pas préparée.

Je pense qu'après « bonjour », la première phrase que j'entends dans un couloir de l'école d'officiers que j'ai intégrée, est celle du scandale que représentent mon recrutement et ma présence. Je découvre que l'on me prête un père ministre qui aurait imposé mon recrutement, que le montant de ma solde, pourtant inférieur à celui de mes camarades, choque ces derniers, que la rumeur me destine à obtenir l'École de guerre sans passer d'écrits, et qu'une mutation dans les plus prestigieuses unités de combat m'est déjà scandaleusement destinée. Je ne suis pas la bienvenue, et d'emblée considérée comme un imposteur. Certains cadres ne sont guère plus avenants. Je me sens perdue, alors que je suis venue dans les meilleures intentions, convaincue de recevoir un enseignement technique de haut niveau, des valeurs patriotiques exaltantes, et de vivre une fraternité d'armes. Au lieu de quoi, on m'apprend

1. Nelson Mandela.

fielleusement à porter ma coiffe à l'envers, saluer de la mauvaise main, traverser la place d'armes de la façon la moins réglementaire, inverser les manœuvres pour les cérémonies, me présenter de façon invraisemblable… Me ridiculiser à tout moment. Dotée d'escarpins trop petits, je me blesse aux pieds, presque jusqu'aux tendons et cela s'infecte. J'en défaille de douleur dans les couloirs de l'infirmerie où je ne parviens plus à avancer. On me soigne et je dois porter un survêtement et des chaussures de sport, comme tous les élèves blessés. Les cadres, irrités par ma tenue, me font enlever les pansements en public, et, grimaçant devant les plaies, acceptent que je remette pansements et chaussures de sport. Au mess, des élèves me refusent à leur table et commentent ma tenue de « civile déguisée en militaire », d'« intello inex » et de « rebut d'officier ». Je finis par prendre mes repas dans ma chambre, et m'y nourris de biscuits que j'achète le week-end. Je développe une véritable appréhension à sortir de celle-ci. Un lieutenant-colonel me convoque : « Tous les élèves ont un parrain. Il t'en faut un à toi aussi. Il a fallu que ça tombe sur moi. » Il me remettra à la hâte mes attributs d'officier en compagnie de trois élèves féminins de recrutement similaire (mais de formations scientifiques et techniques, plus respectées), devant une douzaine d'élèves punis suite à un exercice. Notre rapide cérémonie fait partie de leur punition. Mon parrain me tourne le dos, et sort. Je ne le reverrai à aucune autre occasion.

L'année « d'application » est la plus difficile pour moi, car c'est au cours de celle-ci que les officiers apprennent les aspects techniques de leur métier, alors que je ne maîtrise encore ni le fonctionnement de mon armée d'appartenance, ni ses codes, ni son vocabulaire, moins encore ses traditions. Il me manque presque toutes les connaissances de base, tandis que certains de mes camarades ont une dizaine d'années d'expérience derrière eux. J'effectue cette année au sein d'un petit groupe d'officiers. Certains sont sympathiques et bienveillants, d'autres cruels et odieux. Je serre les dents et travaille sans relâche. Je reçois le soutien d'un stagiaire expérimenté qui entreprend de me conseiller et de me faire réviser. Je m'accroche, épreuve après épreuve, et parviens à obtenir des notes peu flatteuses, mais acceptables. Puis nous passons l'examen final, une épreuve exigeante qui dure plusieurs jours. Au soir de la dernière épreuve, un cadre est heureux de m'annoncer : « Ne t'inquiète pas, tu as bien réussi. Bravo, tu peux être fière de toi. » Le lendemain, les résultats tardent à tomber. Des représentants de la DRH entreprennent de modifier résultats et classement. L'officier qui m'a rassurée la veille me croise dans le couloir, l'air sombre : « Certains jours, je déteste faire de l'encadrement. »

Lorsque les résultats tombent, j'ai échoué, même si je m'en sors curieusement mieux que quelques autres. Il me sera confirmé plus tard, comme je m'en rends compte à cet instant, que jamais il n'avait été envisagé que je réussisse. La déception et le découragement passés, la rage me saisit : oui, je quitterai cette institution qui ne m'a appris qu'à la détester. Mais *jamais* parce que l'on m'y forcera : au premier succès indiscutable, je « poserai la casquette ». JAMAIS avant. Cette détermination féroce devient mon moteur dans les pires moments, au cours des premières années.

Je suis bien accueillie dans ma première affectation. J'apprends beaucoup. Je travaille plus que les autres, le soir, le week-end, toutes mes vacances, afin d'être indiscutable lors des briefings dont je suis chargée, et comprendre mon environnement professionnel. Effort permanent que je vais prolonger pendant des années, et dont je récolterai les fruits. Je peux m'appuyer par ailleurs sur un solide soutien des sous-officiers. Je me porte volontaire pour tous les exercices et missions. Pour ce qui concerne ces dernières, j'obtiens celles qui correspondent aux dates des vacances de Noël et d'été. Mais je commence à réellement apprécier mon milieu professionnel et mes fonctions. J'ai l'honneur d'être envoyée en mission en Bosnie, lors d'une période sensible. Je reçois des félicitations dont je suis fière. Mon chef aussi, qui me renvoie sur le terrain quelque temps plus tard. Cette fois, je suis félicitée par le commandement de l'OTAN et un général français, ayant eu la chance de me trouver au bon moment à un poste intellectuellement exposé. Mais à mon retour en France, un nouveau colonel a remplacé le précédent. Je suis immédiatement mutée dans le local poubelles et photocopieuse des sous-officiers. Dans un lieu quasi désert, je ne dispose pas d'ordinateur, ni de téléphone et ne me vois confier aucune tâche. On attend juste que je démissionne. Je dépéris. Ma RH contactée m'informe vertement que j'ai été « bien naïve » de croire aux promesses qui m'ont été faites relatives à mon parcours professionnel.

Ma santé finalement en jeu, je me résigne à la perspective de quitter une institution à laquelle j'ai pourtant commencé à m'attacher profondément, notamment suite à des missions sur le terrain qui m'ont révélé à quel point je souhaitais poursuivre dans la carrière militaire. J'adresse mon dossier à l'une des plus hautes instances de l'armée, afin de pouvoir penser, plus tard, que je serais allée jusqu'au bout de mes ressources. Cette démarche qui aboutit, à l'issue d'une enquête approfondie, à me rétablir vigoureusement sur le cours d'une carrière acceptable, me fait découvrir l'Institution sous un autre aspect : la justice, rendue par la haute hiérarchie lorsqu'elle est saisie d'une situation scandaleuse, et la confiance que l'on peut accorder à celle-ci.

J'ai la chance de bénéficier, à un moment de ma carrière, comme beaucoup d'autres, d'une scolarité en milieu civil. J'obtiens d'excellentes notes. Cette scolarité implique des stages à l'étranger. Au retour du premier d'entre eux, un camarade, véritable ami, me saisit un jour par le bras : « Est-ce que tu vas te défendre oui ou non ? Tu ne vois pas que tu vas être virée ? » Je tombe des nues, et découvre que ma hiérarchie a été démarchée par un officier d'une autre armée, en possible compétition future avec moi sur certains postes, qui lui a affirmé qu'à l'étranger je m'étais exhibée nue en public sur des plages, que j'insultais et agressais mes professeurs à l'université, et que pour le renom des armées auxquelles je faisais honte, il s'agissait de m'interdire de poursuivre ma scolarité et de bloquer ma carrière. Mes enseignants, à l'université, rédigeront une lettre collective certifiant que je suis une étudiante avec laquelle ils s'entendent excellemment et que les accusations portant sur mes mœurs supposées sont absurdes. Je suis un peu réconfortée d'apprendre qu'une autre jeune femme officier, qui effectue une brillante scolarité dans les langues étrangères, s'est vue accusée, à l'issue de son premier stage dans un pays du Moyen-Orient particulièrement rigoriste, d'avoir eu des relations sexuelles avec un nombre effarant, et parfaitement invraisemblable, de locaux. On commente sa santé mentale et l'on se demande s'il est souhaitable qu'elle poursuive une carrière dans l'Institution. J'obtiendrai tous mes examens avec mention et la hiérarchie me réhabilitera pleinement, après une attente de quelques mois difficile.

Ce type de situation perdurera : des médecins militaires seront sollicités, à des époques différentes, afin d'une part, de me renvoyer de mission, d'autre part, de m'empêcher de conserver un poste prestigieux, en raison de difficultés psychiatriques que certains de mes camarades pensent avoir diagnostiquées chez moi (tous les médecins refuseront) ; je serai mutée dans un vestiaire ; je serai passée au tribunal de mes propres personnels, tenus de me critiquer publiquement pour obtenir une bonne notation en fin de mission.

Certains prétendent s'assurer de ma « non-dangerosité » vis-à-vis de l'institution militaire et de mon pays, ainsi que de ma « maturité ». Je suis convoquée à des entretiens pénibles et me sens parfois mise sous tutelle ; lieutenant, j'apprends que la demande que j'ai faite de me rendre en vacances dans un pays autorisé, m'est interdite : je ne serais pas assez « mature » pour ce voyage. Lors d'un deuxième entretien, on me demande, entre autres, si « au lit [je suis] plutôt dominante ou dominée ». Au troisième, mon espoir de pouvoir un jour travailler dans le contre-terrorisme est considéré comme de la « mythomanie ».

Lors d'une autre convocation, on me demande si j'ai bien pris la mesure de mon « égoïsme » et de mon « ambition sans limite » en raison du fait que je ne souhaite pas avoir d'enfants. Je finis par m'inventer une maladie génétique qui m'en empêche. En mission, mes subordonnés sont interrogés sur mes mœurs sexuelles supposées.

Il y a peu de missions, stages ou mutations pour lesquels mes hiérarchies ne sont pas démarchées avant mon arrivée. On fait même savoir en quelques occasions à certaines d'entre elles qu'un retour infamant en métropole serait… apprécié. Mais il se produira l'inverse : mes séjours seront souvent prolongés, je serai félicitée, citée, et je tirerai de ces opex et mutations des expériences riches, des compétences, des amitiés, et une résilience croissante.

Je vais connaître une angoisse presque permanente : le chantage, toujours latent, pour le renouvellement de mes habilitations au Secret Défense, indispensable pour exercer mon métier ; je vivrai à la merci des calomniateurs, maintenue dans la peur constante de perdre mes précieux sésames.

Je surmonterai tout, me relèverai de tout. Jamais je ne céderai.

UN PARCOURS, UNE CARRIÈRE… UNE VIE

Si j'ai poursuivi une carrière dans l'Institution, c'est évidemment parce qu'elle ne se réduit pas à ses brebis les plus galeuses. Les bassesses ne s'y exercent pas sans limite : elle compte aussi, à tous les échelons, des hommes d'honneur, qui interviennent pour faire échec à certains desseins et atténuer les conséquences des actions les plus viles. Je m'entendrai souvent excellemment avec mes supérieurs directs. Le soutien et la solidité de nombreux subordonnés et sous-officiers seront également sans prix.

Les infamies que j'ai surmontées ont sans cesse été compensées par des moments extraordinaires de camaraderie, d'aventures, d'actions, de découvertes, d'engagement. Il est étonnant de constater que plus une épreuve se révélait difficile à surmonter, plus l'épisode positif suivant était hors norme, valorisant et riche. Nombreux ont été ceux, dans l'Institution, qui, constatant les difficultés et les injustices extravagantes que je rencontrais, m'ont soutenue, épaulée, défendue, et permis l'accès à des rêves professionnels qui restent encore aujourd'hui inaccessibles à la plupart des militaires.

C'est finalement dans le milieu des Forces Spéciales et des commandos que j'ai le mieux trouvé ma place, y reconnaissant des ADN similaires au mien : une volonté forcenée à surmonter et à vaincre, des valeurs ancrées, des personnalités hors norme, fortes, très autonomes. J'ai apprécié, en maintes occasions, cette combinaison de professionnalisme et de nonchalance apparente qui les caractérise. C'est précisément la dureté de mon parcours qui m'aura finalement permis d'être reconnue et acceptée dans ce milieu âpre et très fermé.

L'époque, par ailleurs, a changé : les femmes sont mieux acceptées et respectées. Elles bénéficient désormais de parcours de carrière diversifiés, fondés sur leur professionnalisme, et dignes. Nombre de comportements passés ne seraient plus tolérés aujourd'hui, en premier lieu par leurs camarades et leurs chefs. Et certains sont devenus plus prudents.

Je respecte profondément cette institution et le drapeau du pays qu'elle sert. Mon parcours m'a permis de devenir celle que je suis, résiliente, forte, passionnée, expérimentée. Le milieu militaire m'a donné l'opportunité de bénéficier de formations de haut niveau, de vivre des missions extraordinaires, de connaître des pays interdits et souvent magnifiques, de travailler pour toutes sortes de services, d'armées, d'organisations et de coalitions, de rencontrer à l'étranger des personnalités d'exception. Elle m'a inculqué la notion de l'engagement, et a donné un sens à mon parcours de vie. Peu de professions le permettent à ce point.

J'ai rencontré d'innombrables chefs et personnels courageux, créatifs, engagés et droits. J'ai exercé mes commandements sans jamais traiter mes personnels comme je l'ai été. Désormais tournée vers d'autres horizons, je conserve le souvenir d'un parcours et d'expériences de terrain dont je suis fière. Il a demandé de la volonté, du courage, de la droiture, de la gratitude envers ceux qui aident et soutiennent, et beaucoup de travail.

Une prise en main par
FORCES SPÉCIALES COACHING

Voyons désormais comment se passe un coaching avec notre équipe.

Sachez que tout le monde peut prétendre à un coaching via notre site internet : **www.forces-speciales-coaching.com**

Que vous soyez un jeune qui prépare des tests d'entrée, militaire, policier, gendarme, agent pénitentiaire, visant les sélections pour une unité spéciale, ou vous, qui avez simplement lu ce livre et aimeriez être coaché pour un objectif personnel : nous répondrons aux besoins de chacun.

Une première prise de contact se fait par mail et un coach revient vers vous pour définir une programmation.

Notre but est de vous rendre autonome grâce à des clés de compréhension précises quant à votre préparation. Les coachings se font aussi bien à distance qu'en physique, dans le cas où vous seriez dans la même ville que l'un des coachs.

Forts de notre succès, nous avons cumulé plus de 700 coachings avec un taux de réussite pour des sélections d'environ 95 % !

L'accompagnement est étendu sur les domaines complémentaires et interdépendants que sont la préparation physique, la préparation mentale et la nutrition, en plus de conseils opérationnels issus du quotidien d'un OPS. Une formation à 360°.

Notre expertise nous amène à optimiser votre potentiel tout en restant à l'affût des nouveautés et technologies émergentes en matière de préparation physique et mentale.

Enfin, si vous deviez retenir une chose essentielle, c'est qu'il n'y a qu'une façon de réussir, celle d'essayer ! Ainsi, peu importe les issues, vous n'aurez jamais de regrets.

« *Upgrade your skills to become one of us* »

« Améliore tes compétences pour devenir
l'un d'entre nous »

Remerciements

À nos familles qui ont joué un rôle important dans nos carrières ;

À vous qui venez lire nos témoignages ;

À toutes celles et ceux qui œuvrent pour le maintien de notre paix, la préservation de notre santé et la défense de nos libertés ;

Aux familles et aux copains qui sont présents dans les moments difficiles ;

À la jeunesse qui s'engage, ces jeunes que nous avons formés pour la plus grande partie, et ce à des niveaux différents, cette nouvelle génération qui s'implique et contribue à la sécurité de notre beau pays.

Table des matières

Crédits photographiques :
Romain Bianco ;
Jean- Marc Tanguy

Direction : Jean-Louis Hocq
Direction éditoriale : Jean-Philippe Bouchard
Édition : Maxime Lafon
Directeur de collection : Guillaume Morel
Directeur d'ouvrage : Teddy Palassy
Fabrication : Emmanuelle Laine

FSC
www.fsc.org
MIXTE
Papier issu de sources responsables
FSC® C003309

L'éditeur de cet ouvrage s'engage dans une démarche de certification FSC® qui contribue à la préservation des forêts pour les générations futures.

Pour en savoir plus :

www.editis.com/engagement-rse/

Achevé d'imprimer par
Normandie Roto Impression s.a.s.
N° d'impression : 2202092

Imprimé en France